LIZ MOHN

Schlüsselmomente

LIZ MOHN

Schlüsselmomente

Erfahrungen eines engagierten Lebens

C. Bertelsmann

MIX
Papier aus verantwortungsvollen Quellen
FSC® C014496

Verlagsgruppe Random House FSC-DEU-0100
Das für dieses Buch verwendete
FSC®-zertifizierte Papier *Munken Premium Cream*
liefert Arctic Paper Munkedals AB, Schweden.

1. Auflage

Umschlaggestaltung:
R·M·E Roland Eschlbeck / Rosemarie Kreuzer
Satz: DTP im Verlag
Druck und Einband: GGP Media GmbH, Pößneck
Printed in Germany
ISBN 978-3-570-10110-0

www.cbertelsmann.de

Dieses Buch widme ich in Liebe und großer Dankbarkeit meinem Mann Reinhard Mohn, der mein Leben mehr als fünfzig Jahre lang begleitet hat. Ein großer Unternehmer und Stifter. Ein visionärer Denker. Für mich war er ein unendlich liebevoller Partner. Mit seinem Vorbild und seiner Überzeugung hat er mein Leben geprägt: Menschlichkeit gewinnt!

INHALTSVERZEICHNIS

Verantwortung für Bertelsmann

Die Zukunft geht uns alle an

Anhang

VORWORT

Im Dialog mit meinem Mann Reinhard Mohn habe ich unendlich viel gelernt. Es war für mich ein großes Geschenk, dass wir über mehr als fünfzig Jahre hinweg in engem Gedankenaustausch zusammenleben konnten und dass ich nun sein Werk in der Familientradition bei Bertelsmann und in der Bertelsmann Stiftung fortsetzen kann. Für sein Vertrauen bin ich ihm zutiefst dankbar.

Mein Leben ist nicht immer gradlinig verlaufen. In mehr als vierzig Jahren Berufserfahrung habe ich Höhen und Tiefen erlebt, musste Krisen bewältigen und aus Fehlern lernen. Immer wieder stand ich vor Herausforderungen, musste neue Wege erproben. Aus spontanen Initiativen erwuchsen große Netzwerke, aus lokalen Unternehmungen entwickelten sich internationale Projekte. Und mit schöner Regelmäßigkeit werde ich immer wieder gefragt: »Wie schaffen Sie das nur?«

Meine Antwort finden Sie in diesem Buch.

Schon in meiner Kindheit war ich ausgesprochen neugierig. Aber erst später konnte ich, wie viele Frauen meiner Generation, meine eigenen Fähigkeiten erproben und erfahren, welche Begabungen mir tatsächlich in die Wiege gelegt worden waren. Ich bin immer neugierig geblieben, wollte immer weiter lernen. So habe ich erkannt, dass der Verstand allein nicht ausreicht, um schwierige Situationen zu meistern und Fehler zu vermeiden – ebenso wenig, wie

Gefühle ausreichen, um verantwortliche Entscheidungen zu treffen. Wir müssen beides nutzen: Ratio und Intuition.

Mit diesem Buch möchte ich meine Erfahrungen weitergeben und den Menschen Mut machen, ihr Leben in die Hand zu nehmen und ihren eigenen Weg zu gehen. Geben Sie nicht auf, auch wenn es mal schwierig wird! Lassen Sie sich von Rückschlägen nicht unterkriegen!

Und ich möchte Ihnen meine wichtigste Erkenntnis mitgeben: Glauben Sie an sich selbst – dann schaffen Sie es auch.

Liz Mohn

PROBIER'S MAL. DU SCHAFFST ES!

INTUITION ALS CHANCE

In den zurückliegenden Jahrzehnten bin ich unzähligen Menschen begegnet. Dabei hat mich immer besonders interessiert, wie sich die Begabungen, Talente und Fähigkeiten des Einzelnen zusammensetzen und woran wir sie erkennen. Vor allem aber, wie wir das erkennen können, was nicht auf Anhieb sichtbar ist. Mit Menschen zusammenzuarbeiten ist bis heute meine Leidenschaft geblieben. Ob bei der Auswahl von Nachwuchskräften bei Bertelsmann oder bei Begegnungen mit jungen Menschen auf der ganzen Welt, immer interessiert mich vor allem eines: Was macht einen Menschen zu einer unverwechselbaren Persönlichkeit? Was gibt ihm innere Kraft? Was ermutigt ihn, Herausforderungen nicht nur anzunehmen, sondern auch an ihnen zu wachsen? Und last, but not least: Was ist notwendig, damit ein Mensch Führungsqualitäten entwickeln kann? Ich meine damit nicht nur bestimmte Positionen in einem Unternehmen. Führung heißt Vorbild sein. Das gilt auch für die Arbeit in einem Ehrenamt, für die Projektleitung in sozialen, kulturellen und anderen Bereichen. Natürlich ist Fachkenntnis unerlässlich. Für herausragende Positionen benötigt man heute eine gute Ausbildung und eine fundierte fachliche Kompetenz. Doch das ist es nicht allein. Ich habe viele außergewöhnlich begabte und hervorragend ausgebildete Menschen getroffen, die sich im Umgang mit anderen unsicher zeigten, kontroversen

Diskussionen aus dem Wege gingen und es vermieden, persönliche Haltungen erkennen zu lassen. Kurzum, sich da zurückzogen, wo es gerade auf sie ankam. Menschen, die ihren eigenen Gefühlen nicht vertrauten und eine persönliche Haltung vermissen ließen. Analytische Fähigkeiten und erwiesene Fachkompetenz sind nicht alles. Die Hirnforschung weiß heute, dass wir im Unbewussten ungleich mehr Informationen verarbeiten können, als dies unser rational gesteuerter Verstand vermag.[1] Anders, als es uns unsere abendländische Kultur seit Generationen vermittelt hat, sind Gefühle keine Gegenspieler unserer Intelligenz, sondern stellen selbst eine Form der Intelligenz dar.

In meiner Generation war es bis vor wenigen Jahren verpönt, über Gefühle als Entscheidungshilfen zu sprechen. Wer emotional war, galt als minderbegabt. War es noch dazu eine Frau, die auf ihre intuitive Einschätzung verwies, wurde sie im Familien- und Freundeskreis belächelt und von den Kollegen nicht ernst genommen. Denn Bezeichnungen wie »emotionale Intelligenz« oder »intuitive Einschätzung« galten lange als weiblich. Von Managern traditionellen Typs wurden sie nur belächelt.

Das hat sich inzwischen grundlegend geändert, und die Frauen meiner Generation haben diesen Wandel besonders stark erlebt. Heute sind es gerade diese Eigenschaften, die zu den wichtigsten Führungsqualitäten gehören. Wer seiner Intuition vertraut, erweitert seine Persönlichkeit. Wir öffnen unser Handeln und können abseits bereits erprobter Pfade neue Wege beschreiten, neue Ideen entwickeln und neue Projekte initiieren. Wir können Menschen zusammenbringen, die einander sonst nie begegnet wären, und damit ungeahnte Potenziale erschließen. Der Kraft der eigenen Intuition zu vertrauen, ist deshalb eine große Chance. Ich habe unzählige Beispiele dafür erlebt.

Natürlich ist Intuition nicht alles. Das emotionale Wissen benötigt die Korrektur durch unseren Verstand, den Einbezug von Expertenwissen und analytischem Denken, wie umgekehrt der Verstand ohne die Intuition an seine Grenzen stößt. Ratio und Intuition zusammen aber sind ein unschlagbares Team. In dem Maße, wie ich gelernt habe, meiner Intuition zu vertrauen, sind mir ungeahnte Kräfte zugewachsen. Plötzlich ließen sich Projekte realisieren, von denen ich vorher kaum zu träumen wagte. Von dieser Chance möchte ich erzählen. Sie ist der Schlüssel zu einer Vielzahl meiner Projekte und Initiativen. Oft war da nur ein erstes Gefühl, dass etwas getan werden müsse, welches mich zum Telefonhörer greifen ließ. Eine erste Idee entstand, der weitere folgten. Aus meiner spontanen Initiative erwuchs allmählich ein Netzwerk, für das sich immer mehr Menschen engagierten. Aus einer intuitiven Entscheidung erwuchsen ungeahnte kreative Kräfte. Was klein anfing, wurde groß. Und doch ist es bis heute so, dass die kreativen Kräfte in unseren Schulen im Verhältnis zu den rationalen kaum gefördert werden.

Wer in unserer Gesellschaft etwas bewegen will, muss die ausgetretenen Pfade verlassen. Wir müssen Neues wagen, wir müssen scheinbar Vertrautes auch kreuz und quer denken dürfen, um sicher zu sein, dass wir auf dem richtigen Weg sind. Wir müssen Fehler machen dürfen. Und wir sollten alle wieder neugierig genug werden, um lebenslang lernen zu wollen.

ZWISCHEN ANGST UND ZUVERSICHT: EINE KINDHEIT IM KRIEG

Die Welt, in die ich hineingeboren wurde, versprach wenig Sicherheit. Mein Leben begann am Vorabend der deutschen Kriegserklärung an Russland, die Erwachsenen waren voller Sorge. Heute wissen wir, dass die Angst der Mutter, Aufregung und Not in den ersten Lebenswochen tiefe Spuren im Unterbewusstsein der Menschen hinterlassen können. Wir tragen diese Ängste in uns, mitunter begleiten sie uns ein ganzes Leben. Aber die frühe Erfahrung, dass das Leben keine Insel der Seligen ist, sondern dass das Überleben enorme Kräfte erfordert, aber zugleich ungeahnte Kräfte in uns freisetzen kann, hat die Frauen meiner Generation stark gemacht.

Die gesellschaftlichen Veränderungen, die wir Kriegskinder erlebt haben, sind immens. Das gilt in ganz besonderem Maße für die Frauen, die ihre Teilhabe an Bildung, Ausbildung, Beruf und gesellschaftspolitischem Engagement oft mühsam erkämpfen mussten. Für die Frauen meiner Generation war nichts davon selbstverständlich. Wenn ich heute Vorträge halte und die vielen jungen, gut ausgebildeten Frauen sehe, dann erfüllt mich das mit großer Freude. Umgekehrt staunen die jungen Frauen oft über die Vielzahl meiner Aufgabenfelder und Interessen. Oft fragen sie mich ganz direkt: »Wie schaffen Sie das alles? Was hat Ihnen Kraft und Mut gegeben? Wie sind Sie zu der Frau geworden, die Sie heute sind?«

Was also ist es, das unsere Persönlichkeit prägt? Wann entdecken wir unsere ureigenen Kräfte? Wie entdecken wir unsere ureigenen Begabungen? Und was schließlich gibt uns den Mut, auch bei unvermeidlichen Fehlern und Rückschlägen nicht aufzugeben, sondern uns selbst und den einmal gesteckten Zielen treu zu bleiben?

Es war ein weiter Weg für das kleine Mädchen aus Wiedenbrück bis zu meiner Verantwortung für die Bertelsmann AG und die Bertelsmann Stiftung. Ich hatte das große Glück, an der Seite meines Mannes Reinhard Mohn auf zahlreichen Reisen, bei faszinierenden Begegnungen und im Dialog mit außerordentlichen Persönlichkeiten aus der ganzen Welt unschätzbare Erfahrungen zu sammeln. Diese Erfahrungen haben mich aber auch mit mir selbst bekannt gemacht. Heute kann ich meine Stärken und Schwächen einschätzen. Vor allem aber habe ich gelernt, all mein Tun unablässig zu hinterfragen: War das richtig? Was kannst du noch verbessern, was musst du verändern?

In vielen schwierigen Situationen, in der beständigen Anspannung neuer Herausforderungen habe ich – wie andere Frauen auch – gelernt, auf meine innere Stimme zu hören. Das war nicht immer so. Umso mehr freut es mich, dass mit dem wachsenden Erfolg von Frauen in Führungspositionen auch die Bedeutung der Intuition bei unserer täglichen Entscheidungsfindung mehr Beachtung erfährt.

In der Geschichte meines Lebens und in der Entwicklung meiner beruflichen Aufgaben hat es immer wieder Schlüsselmomente gegeben, in denen ich wusste: Das ist es! Das will ich machen! Das könnte ein Erfolg sein. Und oft genug war der Weg dorthin nur mit harter Arbeit, enormer Zähigkeit, strenger Disziplin und Ausdauer zu bewältigen. Zahllose nationale und internationale Projekte und die verschiedensten Arbeitsfelder der Bertelsmann Stiftung sind so entstanden. Ein mitunter zaghafter Beginn ist an den Widerständen gewachsen. All das hat mir eine Fülle von Erfahrungen beschert, die ich mit diesem Buch weitergeben möchte.

Die widerstrebenden Gefühle von Angst und Zuversicht haben meine ganze Kindheit geprägt. Durch die Nähe meines Geburtsorts Wiedenbrück zum Ruhrgebiet und die Nachbarschaft zu Bielefeld erlebten wir eine starke Bombardierung. Wie oft riss meine Mutter mich aus meinem Kinderbett und trug mich in den Luftschutzkeller. Die jahrelangen Erfahrungen von Angst, Hunger, Kälte und Not gehören zu meinen unauslöschlichen Erinnerungen. Doch in den schlimmsten Stunden war da auch immer die rettende Hand meiner Mutter, deren ungeheuren Lebensmut und Optimismus ich bis heute nicht hoch genug einschätzen kann.

Mein Vater kämpfte mit schweren gesundheitlichen Problemen. Seine Invalidität bewahrte ihn vor dem Kriegsdienst, doch für einen Mann seiner Generation bedeutete das eine Schmach. Er hat darunter gelitten. Als zweitjüngstes von fünf Kindern erlebte ich, wie meine Mutter uns in den schweren Kriegszeiten weitgehend allein großziehen und versorgen musste. Es blieb ihr gar nichts anderes übrig, als eigenständige Entscheidungen zu treffen und für ihre Familie die Verantwortung zu übernehmen. Während sie für uns kochte, nähte und wusch, sang sie oft vor sich hin – durch sie lernte ich unzählige Lieder kennen.

Obwohl wir selbst jeden Pfennig umdrehen mussten, blieben die Güte und Großzügigkeit meiner Mutter anderen Hilfsbedürftigen gegenüber davon unberührt. Ohne einen Teller Suppe, ohne ein Stück Brot wurde keiner fortgeschickt. In den dunkelsten Jahren hat sie viel Kraft aus ihrem katholischen Glauben geschöpft. Auch wir Kinder mussten jeden Morgen um sieben Uhr vor der Schule zur Andacht gehen, das gemeinsame Tischgebet war selbstverständlich.

Meine Mutter klagte nicht. Sie nahm ihr Leben so, wie es war, und hat oft genug mit ihrer tiefen Lebensbejahung das Unmögliche für uns Kinder möglich gemacht. Wie sehr mich ihre starke Persönlichkeit, ihr geselliges und fröhliches Wesen geprägt haben, ist mir erst Jahrzehnte später bewusst geworden. Damals war sie mein ganzes Glück, ich hing an ihr und mochte mich gar nicht von ihr trennen! Dem Kindergarten widersetzte ich mich mit ganzer Kraft, doch dem Tag der Einschulung konnte ich nicht entgehen. Ich hatte große Angst! Doch der Schritt in die Schulgemeinschaft weckte auch meine Neugierde, und bald hatte ich mich an den Unterricht gewöhnt.

Wenn ich mich geliebt und geborgen fühlte, wuchsen mir mitunter ungeahnte Kräfte zu. Ich vergaß meine Ängste und probierte einfach aus, was mir in den Sinn kam. So spazierte ich manchmal mutterseelenallein durch die Wiesen am Ufer der Ems. Ich hatte einfach beschlossen, den Vögeln zu lauschen. Entsetzte Nachbarn hatten meiner Mutter berichtet, dass ich seit meinem vierten Lebensjahr versuchte, wieder und wieder in den Fluss zu springen, um mich an den Weiden entlang an das gegenüberliegende Ufer zu hangeln. Ich wollte um jeden Preis schwimmen lernen, und das gelang mir auch. Das Wasser ist seitdem mein Element, und ich bin bis heute eine begeisterte Schwimmerin geblieben. So klein, wie ich war, hatte ich damit die Kraft meines Willens entdeckt. Meine Mutter erkannte ihr ängstliches kleines Mädchen nicht wieder und begann zu ahnen, dass ihr mit mir noch manche Überraschung bevorstehen würde.

In Schule und Sportunterricht nutzte ich immer wieder die Gelegenheit, mein neu gewonnenes Selbstvertrauen zu erproben. »Probier's mal. Du schaffst es!« Dieser Satz eines Lehrers, der mich als Einzige aus der Klasse zum Sprung vom Fünfmeterbrett ermutigen konnte, wurde für mich zu einem inneren Motto. »Du schaffst das«, sagte ich mir, auch wenn mir dabei die Knie zitterten und das Herz bis zum Hals schlug.

Schritt für Schritt wurde ich mutiger, meine Abenteuerlust wuchs. Und es dauerte nicht lange, bis meine Mutter kaum mehr wusste, wie sie mich bändigen konnte. Bereits mit sechs Jahren meldete sie mich bei den Pfadfindern an. Ich wurde »Wichtel« und blieb dieser Gemeinschaft viele Jahre lang treu. Die gemeinsamen Unternehmungen in der freien Natur, die Fahrten zu den Jugendherbergen, das gemeinsame Singen und Wandern, all das waren herrliche Erfahrungen für mich. Hier lernte ich auch erstmals, Verantwortung für eine Gruppe zu übernehmen und eigene Wünsche im Dienst der Gemeinschaft zurückzustellen. Diese frühen Erfahrungen haben mich geprägt und geöffnet für die besonderen Chancen, die aus einer sozial verantwortlich geführten Gemeinschaft erwachsen können.

Mit den Jahren wurde ich eine richtige Leseratte. Ich liebte alle klassischen Jugendbücher, die ich ausleihen konnte, vor allem von Abenteuergeschichten bekam ich nie genug. In Deutsch und Geschichte war ich gut, Mathematik mochte ich nicht besonders. Obwohl ich gut zurechtkam, musste ich mir mit vierzehn Jahren eingestehen, dass es für mich keine Hoffnung geben würde, je eine weiterführende Schule besuchen zu dürfen.

ICH WOLLTE MEHR AUS MEINEM LEBEN MACHEN

Noch wusste ich nach dem Ende der Schule nicht, wie es mit mir weitergehen sollte. So plante ich für die großen Ferien erst einmal eine gemeinsame Radtour mit meiner Cousine. Ein Spediteur nahm uns auf Wunsch meines Vaters mit nach Würzburg, von dort wollten wir nach Wiedenbrück zurückradeln. Doch dann fand sich ein Hinweis auf das schöne Städtchen Rothenburg ob der Tauber, dort gab es ein Schild Richtung München. Ständig entdeckten wir neue Ziele. Es waren herrliche Sommertage, und wir hatten bis dahin so wenig von der Welt gesehen. Wir ließen uns treiben, fuhren bald hierhin, bald dorthin, ließen uns mitunter von Lastwagen mitnehmen und kamen schließlich von den oberbayerischen Seen bis hoch in den Norden nach Helgoland. Bis heute fühle ich den schmerzlichen Moment, als wir bei dieser Unternehmung auf eine Gruppe junger Studenten trafen. Ich spürte sofort ihre Unbeschwertheit, ihre weitfliegenden Pläne. Die Zukunft lag ihnen zu Füßen. Diese Freiheit hatte ich nicht.

Inzwischen hatte meine Mutter für mich eine Lehrstelle als Zahnarzthelferin ausfindig gemacht – das galt damals schon als großes Glück. Doch ich wollte mehr aus meinem Leben machen. Und so hielt ich beständig nach Menschen Ausschau, die mir dabei helfen konnten. Eine Bekannte arbeitete bei Bertelsmann und berichtete immer wieder begeistert von den dortigen Chancen. Ob ich das nicht auch mal versuchen wolle? Ohne mit meiner Mutter zu sprechen, bewarb ich mich heimlich bei der Vertriebsstelle des Buchclubs und wurde eingeladen. Noch konnte ich nicht ahnen, wie sehr dieser Schritt mein ganzes Leben verändern würde.

In meiner katholischen Erziehung gab es klare Regeln, die ich als junges Mädchen einzuhalten hatte. Dazu gehörte auch, dass man abends nicht einfach allein ausgehen konnte. Als sechs Wochen nach meinem Arbeitsbeginn bei Bertelsmann das alljährliche Betriebsfest stattfand, musste ich meine Eltern lange bitten, damit sie mir erlaubten, daran teilzunehmen. Beide waren überhaupt nicht begeistert, denn volljährig wurde man damals ja erst mit einundzwanzig Jahren. Nach langem Hin und Her erhielt ich schließlich die Erlaubnis, bis zehn Uhr abends zu bleiben. Dieser Abend wurde mir zum Schicksal!

Gemeinsam mit vielen anderen jungen Auszubildenden sah ich, wie der Chef des Unternehmens, Reinhard Mohn, in Begleitung mehrerer Mitarbeiter den Raum betrat. Wir waren alle neugierig auf ihn, er war ein gut aussehender junger Mann, über dessen Ideen viel gesprochen wurde. Sein sehr geradliniges, entschlossenes Auftreten beeindruckte mich, und offensichtlich muss auch ich ihm aufgefallen sein. Denn er forderte mich und keine andere aus der Mädchenschar zum Tanzen auf. Seine Offenheit und sein Charme berührten mich. Damals ist ein Foto entstanden, wie wir beide bei der »Reise nach Jerusalem« um den letzten Stuhl kämpften. Er war schneller.

KEIN EINFACHER WEG

Die nun folgenden Jahre waren nicht leicht. Meine Arbeit bei Bertelsmann brachte mich mit vielen Menschen zusammen, das bereitete mir Freude. Doch der Mann, den ich liebte, war gebunden. Reinhard Mohn hatte sehr rasch nach dem Krieg geheiratet und seine erste Familie gegründet. Er gehörte zu den Männern, denen der Krieg ihre Jugend geraubt hatte und die das Leben erst danach für sich entdecken und genießen konnten.

Das Leben hatte uns zusammengeführt, doch an eine Scheidung war in den späten fünfziger Jahren nicht zu denken. In den sechziger Jahren wurden unsere drei Kinder geboren, Brigitte 1964, Christoph 1965 und Andreas 1968. Reinhard Mohn versuchte, so oft wie möglich mit uns zusammen zu sein, doch die Hoffnung auf ein gemeinsames Leben war gering. In jenen Jahren hat mir mein späterer Mann jeden Tag einen Brief geschrieben, die er alle, nachdem wir schon längst verheiratet waren, in Ordnern gesammelt hat. Es sind viele Ordner geworden, in denen er unsere Sorgen, aber auch unsere Hoffnungen und Träume jener Jahre bewahrt hat. Noch heute fällt es mir schwer, darin zu blättern. Es ist kein einfacher Lebensabschnitt gewesen. Ich bin froh und dankbar, dass wir ihn gemeinsam bewältigen konnten.

Das Leben als junge Mutter erfüllte mich sehr, doch es bescherte mir auch neue Sorgen und Ängste. Unsere

Tochter Brigitte erkrankte im Alter von nur vier Monaten an schwerem Asthma. Jahrelang habe ich gemeinsam mit den Ärzten um ihr Leben gekämpft und unzählige bange Stunden, schlaflose Nächte und verzweifelte Augenblicke mit meinem kleinen Mädchen durchgestanden. Das Leiden des Kindes ließ mich meinen katholischen Kinderglauben kritischer sehen und steigerte das Vertrauen in meine eigene Entschlusskraft. Eine Mutter, die so viele Jahre in großer Sorge um ein krankes Kind leben muss, zerbricht, oder sie entwickelt ein Bewusstsein dafür, dass ihr in den schlimmsten Stunden völliger Not und Hoffnungslosigkeit ungeahnte Kräfte zuwachsen können, die es ihr erlauben, den einmal eingeschlagenen Weg weiterzugehen.

Im Lauf dieser Jahre hatten meine Kinder und ich eine ganze Reihe von mitunter schwerwiegenden gesundheitlichen Problemen zu bewältigen. Wie oft zerbrechen Partnerschaften unter so einer Belastung. Meinen Mann und mich haben diese Herausforderungen nur noch enger zusammengeschweißt. Wir haben in diesen Jahren gelernt, auch das Schwierigste und Schmerzlichste zu besprechen. Offen miteinander reden zu können, gehört zu den wichtigsten Voraussetzungen einer gelungenen Partnerschaft. Noch heute betrachte ich es als ein großes Geschenk, dass wir unsere Gedanken immer austauschen konnten. Ich habe unendlich viel von meinem Mann gelernt, aber auch er hat meine intuitive Einschätzung, meine Offenheit und Spontaneität im Umgang mit Menschen sehr geschätzt.

Im Umgang mit unseren Kindern konnte mein Mann selbst wieder zum Kind werden. Mit Humor und Fantasie hat er Gitte, Chris und Andreas oft verzaubert. Für die Kinder war er der geliebte »Tata«, der gemeinsam mit ihnen kleine Streiche ausheckte oder ihnen selbst ausgedachte Geschichten erzählte. In den wichtigen Grundsätzen der Erziehung waren wir uns einig. Unsere Kinder sollten bodenständig bleiben und jedem Menschen mit Respekt und Höflichkeit begegnen. Von früh an haben wir uns bemüht, ihnen ein Gefühl von Verantwortung und Fairness im Umgang mit anderen zu vermitteln. Dazu gehörte die Bereitschaft zur Diskussion, aber auch das Aufzeigen von Grenzen, wenn die Debatten kein Ende nehmen wollten.

Als die Kinder älter wurden, sprach mein Mann auch mit zunehmender Offenheit über seine tägliche Arbeit und gewährte ihnen Einblick in die Belange des Unternehmens. Für einen leidenschaftlichen Unternehmer wie Reinhard Mohn hatte die übliche Trennung von Beruf und Freizeit keinen Bestand. In seiner freien Zeit dachte er über das Wachstum des Unternehmens nach und stellte zahlreiche Überlegungen zur Unternehmenskultur an, die er mit seinen Mitarbeitern umsetzen wollte. Er war erfüllt von seiner Aufgabe.

In den sechziger und siebziger Jahren war es vielfach noch üblich, dass Frauen sich uneingeschränkt der Organisation des Haushalts und der Kindererziehung widmeten, wenn es die materielle Situation erlaubte. Doch ich ertappte mich immer häufiger dabei, dass ich eine innere Leere spürte, wenn mein Mann so begeistert von seiner Arbeit sprach. Auch ich sehnte mich nach Aufgaben, in denen ich etwas gestalten, und nach einer Gemeinschaft, in der ich Verantwortung übernehmen konnte. Unsere Kinder wurden größer, es war offensichtlich, dass sie die Anwesenheit der Mutter immer weniger benötigen würden.

Meine ersten beruflichen Aufgaben entwickelte ich aus meiner damaligen Lebenserfahrung heraus. Reinhard Mohn war nicht nur zwanzig Jahre älter als ich und ein viel beschäftigter Unternehmer. Er war auch ein zutiefst philosophischer Mensch, der sein Tun ständig hinterfragte und mich an seinen Überlegungen teilhaben ließ. Kein Zweifel: Er war mein Lehrmeister, der mir als junger Frau Einblick gewährte in Grundfragen zu Politik und Gesellschaft, Moral und Ethik, Management- und Führungstechniken. Seine analytischen Fähigkeiten waren beeindruckend, und ich war seine gelehrige Schülerin. Doch mit der Zeit lernte ich, meinerseits Fragen zu stellen oder ihn auf Dinge hinzuweisen, bei denen ich ein Ungenügen oder einen offenkundigen Mangel empfand. Aus dem Monolog wurde ein Dialog, ein gegenseitiges Geben und Nehmen. Manchmal empfand ich in bestehenden Strukturen eine Lücke, erkannte ein Problem oder empfand die Notwendigkeit zu einer spontanen Hilfsaktion. »Probier's mal«, sagte mein Mann dann. Und das tat ich.

Zu meinen ersten eigenen Schritten gehörte aus dem damaligen Zeitgeist heraus die Unterstützung eines Bertelsmann-Damenkreises, der den Ehefrauen der Führungskräfte Einblicke in die Arbeitswelt ihrer Männer vermitteln sollte. Aus Fachvorträgen und Bildungsreisen entwickelten sich über Jahre hinweg soziale Hilfsprojekte und weitere Initiativen.[2] So manche der ehrenamtlich engagierten Damen hat später dann aus ihrer Berufung selbst einen Beruf gemacht und gehörte viele Jahre lang zu den unentbehrlichen Mitarbeiterinnen der Bertelsmann Stiftung.

Der Bau der Bertelsmann Hauptverwaltung, die im Jahr 1976 eröffnet werden sollte, war eine Aufgabe, die mein Mann an mich herantrug. Die ersten Entwürfe des Architekten überzeugten ihn nicht, und er bat mich um Hilfe. Die Planungsphase zog sich über ein Jahr hin, und ich setzte mich in dieser Zeit sehr für eine Öffnung der

Innenarchitektur zu der Transparenz und Klarheit hin ein, die unseren Stammsitz in Gütersloh bis heute auszeichnen. Mein Mann war mit dem Ergebnis hochzufrieden. Ihm imponierte, dass ich mich zweihundertprozentig für meine Aufgaben einsetzte. Und er spürte genau, wie viel Elan ich bei der Gestaltung eigener Ideen entwickelte.

SPONTANEITÄT UND INTUITION. ERSTE ERFAHRUNGEN BEIM AUFBAU DER BERTELSMANN STIFTUNG

Als mein Mann 1977 die Bertelsmann Stiftung ins Leben rief, war ich schon bald dabei.[3] In unendlich vielen gemeinsamen Gesprächen hat er mir die Beweggründe für sein Handeln veranschaulicht. Zum einen sollte die Stiftungsgründung die Sicherung der Unternehmenskontinuität ermöglichen, indem die Stiftung zu einem späteren Zeitpunkt das Kapitalvermögen der Familie Mohn übernahm und somit eine Finanzierungskontinuität gewährleistete. Zum anderen war mein Mann fest davon überzeugt, dass auch die Demokratie als Gesellschaftsordnung der beständigen Erneuerung und Fortschreibung bedurfte. Hier wollte Reinhard Mohn die Erfahrungen seiner Unternehmenskultur nutzen und mithilfe der Stiftung die Ausgestaltung und Weiterentwicklung des demokratischen Staates auf breiter Ebene initiieren.

Die Bertelsmann Stiftung wurde als operative, konzeptionell arbeitende Einrichtung geplant, die bei der Entwicklung ihrer Projekte sowohl mit Wissenschaftlern und Experten als auch mit staatlichen und privaten Institutionen kooperieren sollte.[4] Die ersten Jahre in der Stiftung waren noch sehr familiär. 1979 wurde Hans-Dieter Weger als erster Mitarbeiter und Geschäftsführer der Stiftung angestellt, der in engem Austausch mit meinem Mann die frühen Initiativen auf den Weg brachte.

Der Aufbau der Stiftung, die Begegnungen mit Wissenschaftlern, Politikern, Künstlern und Kulturträgern inspirierten mich ungemein. Auf zahlreichen Reisen im In- und Ausland, die ich gemeinsam mit meinem Mann unternahm, lernte ich die verschiedensten Beispiele für kritisches Denken, für kontroverse, aber auch konstruktive Diskussionen kennen. Wenn ich heute daran zurückdenke, wird mir bewusst, dass ich in dieser Zeit meine eigentlichen Lehrjahre erlebte. Im Gespräch mit meinem Mann und im Austausch mit all diesen Persönlichkeiten erhielt ich Zugang zu den unterschiedlichsten Wissensbereichen. Es war ein Studium generale, wie ich es mir umfassender kaum hätte wünschen können.

Das Lernen elektrisierte mich, mein Wissensdurst war schwer zu stillen. Ich war eine unermüdliche Zuhörerin, die schrittweise begann, eigene Fragen zu stellen, und große Freude an den Diskussionen entwickelte. Mit Befriedigung stellte ich fest, dass ich mit meiner persönlichen Einschätzung häufig ins Schwarze traf. Mein Mann registrierte meine zielgerichtete Intuition sehr genau und empfand sie zunehmend als ideale Ergänzung zu seiner eigenen, stark analytisch geprägten Persönlichkeit. Es war für mich ein großes Glück, dass ich meine Neugierde in Bezug auf Menschen und spannende gesellschaftspolitische Themen so gefördert sah. Erst vor wenigen Jahren erläuterten mir Hirnforscher, was ich selbst erfahren durfte: Der Glaube an die eigene Lernfähigkeit ist entscheidend, um eigene Potenziale zu entfalten. Viele Menschen, die von ihrer natürlichen Begabung überzeugt sind, schöpfen ihr Potenzial nicht voll aus. Sie erstarren nach einer guten Ausbildung und geben sich viel zu früh mit ihrem einmal erreichten Bildungsstand zufrieden.

Nur wenn Menschen von der Formbarkeit ihrer Fähigkeiten überzeugt sind, bringen sie die Dinge auch wirklich voran, gehen sie an ihre Grenzen, denn dann sind sie bereit, auch aus eigenen Fehlern zu lernen. Wenn ich etwas nicht wusste, habe ich nicht eher geruht, bis mir ein Experte meine Frage beantworten konnte. Jedes neue Thema war eine eigene Bildungsreise. Denn ein Dialog mit Experten wirft auch wieder neue Fragen auf. Lernen ist ein Prozess ohne Anfang und Ende, es ist das Leben selbst. Ich habe erfahren, dass Lernen glücklich macht. Und ich bin fest davon überzeugt, dass der Wille, lebenslang zu lernen, zu den Schlüsselkompetenzen für die Zukunft gehört.[5]

Neue Erfahrungen motivieren ungemein. Motivation aber lässt neue Motivation entstehen, und einmal erworbene Fähigkeiten rufen neue Fähigkeiten hervor. Im Lernenwollen entfalten wir unsere eigene Persönlichkeit, das Wissenwollen wird zur Glücksformel für das eigene Lebensprogramm. Schritt für Schritt, Projekt für Projekt begann ich auf unseren Auslandsreisen, aber auch daheim in Gütersloh, meine Arbeit auszubauen. Aus einem Dialog mit Experten, aus persönlichen Fragen oder dem spontanen Wunsch zu helfen heraus rief ich eine Reihe von sozialen, kulturellen und medizinischen Projekten ins Leben, aus denen sich nach und nach Hauptbereiche der Bertelsmann Stiftung entwickelten.[6]

Doch nicht nur die großen Themen, sondern auch die zielgerichtete, unmittelbar auf den Nächsten gerichtete Hilfe gehörten und gehören bis heute zu meiner Arbeit. Sie begann in den Jahren 1983 bis 1988 mit der Einrichtung von Patientenbibliotheken in Altenheimen und Krankenhäusern[7] der Region. Bis heute nehme ich mir die Zeit, Altenheime, Frauenhäuser und andere soziale Einrichtungen persönlich aufzusuchen. Für spontane Gespräche, ein liebevolles Wort oder auch mal gemeinsames Singen muss jeder Terminkalender Platz lassen.

Auch mein Interesse an Gesundheitsfragen hat manche spontane Idee ausgelöst und spätere Projekte befördert. Während mein Mann sich in freien Stunden viel Zeit zum Nachdenken nahm, griff ich zum Telefon. Bei jedem Thema denke ich zuerst daran, wen ich hier mit wem vernetzen kann, aus welchen Begegnungen das größtmögliche Potenzial erwachsen könnte. Menschen für verbindende Ideen zu begeistern und in einzelnen Projekten zusammenzuführen, bereitete und bereitet mir viel Freude. In den Anfangsjahren der Stiftung lernte ich, dass ich rascher als andere erkannte, wo Initiativen nötig waren, und dass meine spontane und zielgerichtete Verknüpfung von Menschen effizienter funktionierte, als wenn ich den traditionellen Weg durch bestehende Institutionen beschritten hätte. In der Begegnung mit anderen Kulturen, im Austausch mit internationalen Persönlichkeiten habe ich erkennen müssen, wie gravierend die kulturellen Unterschiede zwischen den Völkern und Nationen wirklich sind. Ich habe aber auch erlebt, dass oft schon mit einem Blick oder einer Geste die erste Brücke zu einer tieferen Begegnung und Verständigung gebaut werden konnte.

Als mein Mann erkannte, wie leicht es mir fiel, auf Menschen zuzugehen und spontan Kontakte herzustellen, die auf offiziellem Wege ungleich schwieriger und langfristiger hätten vorbereitet werden müssen, übertrug er mir schrittweise diplomatische Aufgaben, die ich mit großer persönlicher Freude erfüllte. Nach unserer Eheschließung im November 1982 nahm ich auf Wunsch meines Mannes zunehmend offizielle Termine für die Bertelsmann Stiftung wahr. Mein Mann hatte sich 1981 aus dem operativen Geschäft der Bertelsmann AG zurückgezogen und wechselte vom Vorstandsvorsitz in den Aufsichtsrat. Stärker als in den Jahren zuvor dachte er über die Chancen und Risiken politischer Systeme nach. Er war sich sicher, dass letztlich die Leistung unseres Staates über die Lebensqualität der künftigen Generationen entscheiden würde. Seine eigenen katastrophalen Erfahrungen während des Nationalsozialismus und im Krieg hatten ihm vor Augen geführt, dass die politischen Ordnungssysteme und die Entwicklung der Zivilgesellschaft ohne ethische Gebote und rechtliche Grundlagen in Gewalt und Chaos enden würden.

Oft diskutierten wir darüber, auf welchen Fundamenten unsere Gesellschaft ihre Zukunft begründen würde. Wir waren uns beide einig, dass das wachsende Ausmaß internationaler Wettbewerbsfähigkeit nicht nur dem einzelnen Bürger mehr Verantwortung abverlangte, sondern auch einen Dialog mit anderen Kulturen und ein Verständnis für andere nationale, politische, ethnische und kulturelle Vorgehensweisen dringend erforderlich machte. Deutschland konnte so viel von den anderen lernen! Und umgekehrt gab es auch in Deutschland vorzüglich entwickelte Maßnahmen, die sich in anderen Ländern als hilfreich erweisen konnten.

Die Bertelsmann Stiftung bot die geeignete Struktur, um beispielhafte Initiativen aus anderen Nationen für Deutschland zu prüfen wie auch umgekehrt die hierzulande erprobten Modellprojekte für andere Länder zu empfehlen.

PROJEKTE IN DER BERTELSMANN STIFTUNG UND WEITERE INITIATIVEN

LERNEN IM DIALOG – INTERNATIONALE BEGEGNUNGEN UND WEGWEISENDE ERFAHRUNGEN

Die Erfahrungen meines Mannes beim Aufbau internationaler Beziehungen für das Haus Bertelsmann hatten ihn gelehrt, dass der persönliche Dialog über mögliche gemeinsame wirtschaftliche und gesellschaftspolitische Interessen der beste Weg ist, um historische, nationale und kulturelle Grenzen zu überwinden. Wie oft haben wir in abendlichen Gesprächen darüber diskutiert! Wer gemeinsame Ziele ins Auge fasst, gewinnt den Mut, die Möglichkeiten der Verständigung zu erproben. Dabei sollte der Dialog der Kulturen niemals aus dem Gefühl einer einseitigen Überlegenheit heraus entstehen, sondern immer aus einer Haltung gegenseitiger Offenheit und dem Respekt gegenüber anderen Lebensformen und verschiedenen historischen Erfahrungen.

Wir hatten beide das Drama des Zweiten Weltkriegs aus unterschiedlichen Perspektiven erlebt. Er als junger Soldat an der Front, der nach und nach erkennen musste, dass seine Generation ihre Jugend einem verbrecherischen System geopfert hatte, und ich als kleines Kind, das die Angst und die Verzweiflung der Erwachsenen auf lähmende Weise zu spüren bekam.

Wir waren uns immer einig, dass wir alles in unserer Macht Stehende tun wollten, um den Dialog zwischen den Nationen und den Austausch zwischen den Kulturen zu befördern. Bis heute bin ich zutiefst davon überzeugt, dass dies in einer Welt der unkalkulierbaren militärischen Bedrohung der einzige Weg zur Friedenssicherung sein kann: Zum Dialog gibt es keine Alternative!

Schon während seiner Zeit als Vorstandsvorsitzender der Bertelsmann AG hatte mein Mann vertrauensvolle Kontakte nach Israel aufgebaut. Eines der ersten Projekte der Bertelsmann Stiftung unter seinem Vorsitz war die Einführung eines Studienprogramms an der Hebräischen Universität in Jerusalem, das 1979 begann und die Qualität des Arbeitslebens aus den Fachbereichen Soziologie und Politische Wissenschaft untersuchen sollte.[8]

Im Jahr 1987 begleitete ich meinen Mann zu einer Tagung, die dem Thema »Die Zukunft des Verlagswesens angesichts von Sprachbarrieren« gewidmet war und in Jerusalem stattfand.[9] Es gab lebhafte Diskussionen, die mich sehr berührten. Vor allem aber wollte ich Teddy Kollek, den legendären Bürgermeister von Jerusalem, kennenlernen, von dem ich so viel gehört hatte. Wir trafen uns zum Frühstück.

Schon unser erstes Gespräch beeindruckte mich zutiefst. Dieser stattliche Mann war ein charismatischer Menschenfänger, ein leidenschaftlicher Kämpfer für seine Stadt und ihre Menschen. Erst später erfuhr ich, dass er normalerweise jeden Morgen fünf Frühstücke absolvierte, bei denen er die verschiedensten Menschen traf und die unterschiedlichsten Projekte diskutierte – zuerst bei sich zu Hause, danach in den verschiedenen Hotels der Stadt. Später habe ich dann auch seine Frau Tamar kennengelernt, ebenfalls eine starke Persönlichkeit, die ihren Mann in jeder Hinsicht begleitete und unterstützte.

Teddy Kollek hat damals viel für Jerusalem erreichen können, indem er das Zusammenleben der Religionen durch verschiedene Sozial- und Kulturprojekte förderte. Er hat sowohl für die jüdische wie auch für die arabische Bevölkerung Schulen, Bibliotheken und Altenheime errichten lassen, in denen ihre religiösen Interessen gewahrt und ihren Eigenarten Respekt entgegengebracht wurde. Die Einzigen, die seine Geduld oft heftig strapazierten, waren die Orthodoxen, weil ihre Lebensform in vielem nicht in die moderne israelische Gesellschaft zu integrieren war. Er ließ spezielle Krankenhäuser bauen, damit sowohl die muslimischen Frauen als auch die Frauen der orthodoxen Juden Brustuntersuchungen vornehmen lassen können. Brustkrebs war damals weit verbreitet in Israel, und die Gründe dafür lagen in der religiösen Barriere gegen die Vorsorgeuntersuchungen. So etwas machte Teddy Kollek rasend, und ich bewunderte ihn sehr für seinen Einsatz und seinen Mut in diesen heiklen Fragen.

Zwischen meinem Mann und mir, Teddy Kollek und seiner Frau Tamar ist mit den Jahren eine echte Freundschaft gewachsen. Beide haben uns in Deutschland besucht. Aus unserem freundschaftlichen Austausch entstand im Lauf der Jahre eine ganze Reihe von europäisch-israelischen Projekten. Dazu gehört das 1986 eröffnete Zentrum für Computerstudien an der René-Cassin-Oberschule in Straßburg, das von der Everyman's Universität in Jerusalem geleitet wurde und aus dem sich weitere Projekte zur Computerausbildung entwickelten.[10] Das 1984 gegründete Adam-Jugendinstitut für Demokratische Studien in Jerusalem wurde von der Bertelsmann Stiftung von 1988 bis 2004 unterstützt und gehört damit zu den von uns am längsten geförderten Projekten.[11] Das Institut hat sich zum Ziel gesetzt, Schülern zwischen zwölf und fünfzehn Jahren Werte wie Demokratie und Frieden vor dem Hintergrund der spezifischen Situation Israels zu vermitteln und darüber hinaus angemessene Erziehungs- und Untersuchungsmethoden zu entwickeln. Im Jahr 1989 wurde die von Teddy Kollek und meinem Mann gemeinsam geplante Journalistenschule gegründet: Koteret, das israelische Institut für Journalismus und Kommunikation in Tel Aviv.[12]

Auf meine Anregung hin hat die Bertelsmann Stiftung in den neunziger Jahren ihren Fokus von der Förderung einzelner Institutionen auf den persönlichen Austausch zwischen beiden Ländern und Kulturen hin verlagert. Aus der 1992 initiierten Förderung des Europäischen Instituts der Hebräischen Universität von Jerusalem[13] erwuchsen viele Konferenzen und Tagungen. Daraus entstand 1997 das Europäisch-Israelische Netzwerk an israelischen Hochschulen.

Eines der bedeutsamsten Projekte, das meinem Mann und mir immer sehr am Herzen lag, war der erstmals 1992 durchgeführte Deutsch-Jüdische Dialog.[14] Dieses Gesprächsforum hat mit bedeutenden Entscheidungsträgern aus der Bundesrepublik und Repräsentanten des jüdischen Lebens weltweit große Resonanz erfahren. Im Rahmen der 1992 aufgenommenen Förderung der Universität in Tel Aviv hat die Bertelsmann Stiftung das Zentrum für Holocaust-Studien viele Jahre lang gefördert.[15] Hier werden die Auswirkungen des Holocaust auf die heutigen Gesellschaften erforscht. So, wie wir dem schweren Erbe unserer historischen Vergangenheit gerecht werden müssen, so müssen wir unsere Anstrengungen auch auf eine gemeinsame Zukunft richten. Aus diesem Grund hat die Bertelsmann Stiftung im Jahr 2000 den Deutsch-Israelischen Young-Leaders-Austausch initiiert, der sowohl den beiderseitigen Informationsfluss als auch das gegenseitige

Kennenlernen, den Erfahrungsaustausch und die Vernetzung junger deutscher und israelischer Führungskräfte befördern sollte.[16]

Auch die Zukunft Europas sah sich angesichts immenser Veränderungen in der politischen Landschaft vor neue Herausforderungen gestellt. In diesem Grundverständnis initiierte die Bertelsmann Stiftung im Herbst 1987 das Projekt »Strategien und Optionen für die Zukunft Europas«.[17] Die Zukunft verlangt auch von den Europäern eine engere Kooperation, eine effizientere Politik und eine schnellere Evolution der gesellschaftlichen Strukturen. Dabei gilt es, sowohl das aus der europäischen Tradition erwachsene freiheitliche Gesellschaftsbild zu wahren als auch die Identität der unterschiedlichen nationalen und regionalen Kulturen zu respektieren.

Das Hauptanliegen dieses bedeutsamen Stiftungsprojekts bestand darin, nach dem politisch Notwendigen zu fragen und sich nicht am politisch machbar Erscheinenden zu orientieren. Vor allem die Dynamik der politischen Entwicklungen in Mittel- und Osteuropa warf strategische Fragen und gesellschaftspolitische Überlegungen auf, die eine weitere Arbeitsgruppe zum Thema »Europas Rolle in der Welt« erarbeiten sollte.[18]

Einen ersten Höhepunkt der Projektentwicklung bildete die von der Bertelsmann Stiftung organisierte Konferenz »Die Zukunft Europas – Kultur und Verfassung des Kontinents« im Oktober 1990 in Rom. Ein internationaler Teilnehmerkreis war eingeladen worden. Ziel des hochkarätigen Gedankenaustausches war ein Memorandum zur künftigen politischen und kulturellen Verfassung Europas. Seit der Entwicklung der Projektkonzeption hatte sich die politische Lage Europas entscheidend gewandelt. In den letzten Monaten vor der Tagung hatten diese Veränderungen in Ost- und Mitteleuropa revolutionären Charakter angenommen und ließen tief greifende Auswirkungen auf die Zukunft des Kontinents erahnen. Dieser Herausforderung musste sich die Tagung stellen. Im Zentrum der Debatten standen unter anderem die neuen Rahmenbedingungen Gesamteuropas und die damit verbundenen Fragen nach Modernisierung und Innovation, nach politischem Wandel und der Zukunft der Integration, nach der Rolle der Sicherheitsstrukturen und nach der Identität der Europäer.[19]

Ein weiteres Ereignis der zweiten Phase des Projekts »Strategien und Optionen für die Zukunft Europas« war die Konferenz »Herausforderung Mittelmeer – die europäische Antwort«, die auf Einladung und in Zusammenwirken mit dem katalanischen Ministerpräsidenten Dr. Jordi Pujol i Soley im Oktober 1991 in Barcelona stattfand und die mir durch eine Reihe persönlicher Begegnungen noch besonders in Erinnerung ist. Etwa hundertzwanzig Teilnehmer aus fast allen europäischen und außereuropäischen Anrainerstaaten des Mittelmeers, dem übrigen Europa, Russland und den USA nahmen an der Veranstaltung teil. Als Redner konnten wir unter anderem den italienischen Außenminister Gianni De Michelis, den Staatssekretär im niederländischen Außenministerium, Pieter Dankert, den ehemaligen Außenminister der Türkei, Vahit Halefoglu, Kronprinz El Hassan Bin Talal von Jordanien und den Theologen Professor Hans Küng gewinnen. Bundespräsident Dr. Richard von Weizsäcker und Seine Majestät, Juan Carlos I., König von Spanien, übernahmen die Schirmherrschaft, Felipe, Prinz von Asturien, repräsentierte das Königshaus.

Auf dieser Konferenz baten zwei ägyptische Teilnehmer meinen Mann um Rat bei der Bildungsförderung in ihrer arabischen Heimat, denn sie hatten von seinem Engagement in Israel gehört. Aus den Erfahrungen unseres internationalen Medienhauses sowie grundlegenden Initiativen der Bertelsmann Stiftung beim Bibliotheksbau heraus entstand die Idee zur Einrichtung einer Bibliothek in Kairo. Im Vorfeld ließen wir die Nutzungsbedingungen einer solchen Einrichtung prüfen, und es stellte sich heraus: Mehr als 60 Prozent der Ägypter waren Analphabeten! Doch gerade diese katastrophale Quote gab für uns den Ausschlag, das Projekt in die Wege zu leiten. Eine grundlegende Bildung gehört zu den wichtigsten Voraussetzungen für Frieden und Freiheit in der Welt. Nur wer den Weg aus der hoffnungslosen Spirale von Armut und Gewalt findet, kann ein verantwortungsvoller Bürger seines Staates sein. Mein Mann und ich waren immer davon überzeugt, dass die Hilfe zur Selbsthilfe der sinnvollste Weg ist, die Bedürftigen zu unterstützen.

Die ägyptische Regierung stellte uns eine alte Villa am Nil zur Verfügung, die einst dem ehemaligen Vizepräsidenten Abd-Hakim Amer gehört hatte. Die Bertelsmann Stiftung finanzierte den Umbau und half beim Aufbau des Managements und des Marketings. Die Einweihung der »Giza Public Library« am 21. März 1995 in Kairo[20] war unser erstes großes Projekt, das sich zu einem lebendigen Kulturmittelpunkt entwickelte. Später eröffneten wir weitere Zweigstellen an weniger repräsentativen Orten, kleine Bibliotheken, die in den armen Vierteln der Stadt lagen. Der Zuspruch war und ist enorm! Viele Bücher sind innerhalb von wenigen Jahren so zerlesen, dass sie regelmäßig erneuert werden müssen.

Einer Gesprächspartnerin aus der arabischen Welt fühle

ich mich bis heute besonders verbunden: Königin Noor von Jordanien. Wir waren uns erstmals kurz nach dem Tod ihres Mannes 1998 bei einer Veranstaltung der United World Colleges in Berlin begegnet, deren Präsidentschaft sie innehat. Schon unser erstes Gespräch war von ungewöhnlicher Intensität. Sie sprach viel von der besonderen Beziehung zu ihrem verstorbenen Mann König Hussein, und sie lud mich ein, sie bald in Jordanien zu besuchen. Als ich Königin Noor ein halbes Jahr später im Rahmen einer Nahostreise mit meinem Mann im Oktober 1999 in Amman wieder traf, spürte ich, wie stark sie noch unter dem Verlust ihres Mannes litt. Es war eine schwierige Zeit für sie, doch ihre Gastfreundschaft und Warmherzigkeit waren ungebrochen. Sie hatte ein kleines privates Dinner in ihrem Palast in Amman vorbereiten lassen und für mich in der Bibliothek eingedeckt, um mir, die ich mit Bertelsmann ein Verlagshaus repräsentierte, eine besondere Freude zu machen. Jede noch so kleine Geste war durchdacht und alles bis ins Kleinste sehr liebevoll arrangiert. Ihr ganzes Leben hatte sich durch den Tod ihres Mannes mit einem Schlag verändert, doch ihre menschliche Haltung, ihre Klugheit und ihre Warmherzigkeit werden mir immer unvergesslich sein. Die Grundwerte der völkerverbindenden Toleranz und des kulturellen Austauschs, die mich bewegten, lagen auch ihr am Herzen. Wir verabredeten eine Reihe von Initiativen zum Erlernen von Toleranz und Strategien zur Konfliktlösung.

In der arabischen Welt habe ich im Lauf der Jahre noch viele weitere bedeutsame Gesprächspartner und Verbündete in meinem Bemühen um einen verstärkten kulturellen Austausch gefunden. Ein hoch geschätzter und besonderer Freund ist mir dabei Scheich Nahyan Bin Mubarak al

Nahyan aus Abu Dhabi geworden. Der weltoffene und sehr gebildete Scheich hat in Oxford studiert. Er verbindet seine Wirtschaftskontakte in Europa stets mit der Suche nach Bildungsinitiativen, die ihm für sein durch die Ölquellen zwar reich gewordenes, aber durchaus noch entwicklungsbedürftiges Land geeignet erscheinen.

Im Rahmen dieser Überlegungen interessierte er sich besonders für die Bibliothek in unserer Heimatstadt, die die Bertelsmann Stiftung gemeinsam mit der Stadt Gütersloh als Pilotprojekt entwickelt hatte.[21] Unser Konzept beruht darauf, dass die Stadtbibliothek von Gütersloh zugleich bürgernahe Begegnungsstätte wie auch interaktives Informations- und Medienzentrum ist. In Ausstattung, Organisation und Wirtschaftlichkeit ist hier eine Modellbibliothek entstanden, die national wie international Vorbildcharakter hat. Der Scheich suchte nach Wegen, wie er die Bibliotheken und Universitäten seines Landes in beispielhafter Weise vernetzen könnte. Auch in der Konzeption der dortigen Universitäten ging er neue Wege. Kleine Lerneinheiten und die gezielte Projektbindung an Experten aus aller Welt zeigten uns innovative Alternativen zu unseren Massenuniversitäten auf. Mich hat dabei besonders berührt, dass in Bahrein, Katar, Kuweit und den Vereinigten Arabischen Emiraten zwei Drittel oder mehr Studierende Frauen sind, auch in Oman und in Saudi-Arabien liegt der Frauenanteil bei mehr als 50 Prozent. Frauenuniversitäten wie die Zayed Universität in Abu Dhabi und Dubai expandieren massiv. Zweifelsohne ist der hohe Frauenanteil an den Hochschulen Ausdruck eines veränderten Rollenverständnisses und einer enormen Leistungsbereitschaft der Frauen am Golf. All diese Frauen hoffen darauf, dass sich im Zuge ihrer Bildungsleistung auch der Arbeitsmarkt für sie öffnen wird.

Doch nicht nur in den Fragen der Bildungsentwicklung, auch im persönlichen Gespräch ist Scheich Nahyan ein beeindruckender Mann. Wann immer ich in Abu Dhabi eintreffe, überrascht er mich stets aufs Neue mit Gesten einer überwältigenden Gastfreundschaft, die mir ungeahnte und tiefe Einblicke in die arabische Kultur ermöglicht haben.

Auf meinen zahlreichen Reisen und vor allem in Diskussionen mit jungen Leuten habe ich immer wieder feststellen müssen, wie wichtig es für Menschen aus verschiedenen Ländern und unterschiedlichen Kulturen ist, ihre Ideen auszutauschen und einander kennenzulernen. Angesichts der sich seit den achtziger Jahren immer deutlicher abzeichnenden Globalisierung drängten sich mir eine Menge Fragen auf. Wie würden sich unsere Gesellschaften durch die Globalisierung verändern? War der seit Mitte der neunziger Jahre diskutierte »Kampf der Kulturen«[22] tatsächlich unumgänglich? Welche Herausforderungen stehen uns bevor, und wie können wir ihnen begegnen? Ist es möglich, den Weg zunehmender Globalisierung zu gehen und trotzdem die kulturelle Identität der Regionen zu bewahren? Ich musste erkennen, dass keiner der führenden Regierungschefs, keiner der internationalen Wirtschaftslenker auf diese Fragen verlässliche Antworten geben konnte.

Jeder, der heute Verantwortung trägt, steht mitten in einem gewaltigen Lernprozess. Wir müssen alle lernen, mit diesen Herausforderungen umzugehen. Dabei sollten neue Wege der friedlichen Koexistenz verschiedener Kulturen genauso gefunden werden, wie das Verständnis von gegenseitigem Respekt und Toleranz gefördert werden muss.

Seit den neunziger Jahren ist die ganze Welt dank der neuen Medien innerhalb von Sekunden verbunden. Was bedeutet das für unsere politischen Systeme? Wie können wir diese Informationsflut bewältigen? Wie verändern sich dadurch das Denken und das politische Bewusstsein unserer Jugend? Sind wir uns unserer Verantwortung bewusst? Auf welche gesellschaftlichen Ziele werden sich die Menschen in der Zukunft verständigen können?

Diese und andere Themen lassen mir bis heute keine Ruhe. Im Austausch mit meinem Mann waren sie Gegenstand unzähliger Diskussionen. Und es war für uns ein ermutigendes Zeichen, wenn wir bei unseren internationalen Begegnungen auf Gleichgesinnte trafen, Menschen, die von ähnlichen Fragen bewegt waren. Aus solchen Begegnungen erwuchs der Impuls, die persönliche Debatte auf ein größeres Forum auszuweiten, Experten dazuzubitten und den grundlegenden Fragen des internationalen Kulturdialogs einen professionellen Rahmen zu geben. Immer wieder bestätigt sich für mich, dass sich kulturelle Unterschiede zwischen Menschen durch persönliche Begegnungen am ehesten überwinden lassen. Nur im Dialog lernen wir die Sichtweisen des anderen kennen und verstehen. Aus diesem Geist heraus ist 2001 auch das Deutsch-Ägyptische Kulturforum in Kairo entstanden, das zu einem wegweisenden Beispiel für viele weitere internationale Kulturforen und Tagungen der Bertelsmann Stiftung werden sollte.[23]

Im Rahmen eines internationalen Kulturdialogs habe ich gemeinsam mit der Bertelsmann Stiftung die Reihe »Corporate Cultures in Global Interaction« ins Leben gerufen, die im Lauf der Jahre ein viel beachtetes internationales Forum für Kultur- und Wirtschaftsfragen wurde.[24] Unser besonderes Augenmerk galt dabei dem Dialog mit den asiatischen Ländern, deren enorme wirtschaftliche Dynamik die politische Landkarte grundlegend verändern würde. Die Karten des globalen Miteinanders wurden neu gemischt, die einseitige Führungsrolle des Westens unter der Vorherrschaft Amerikas konnte nicht länger allein die wirtschaftlichen und kulturellen Spielregeln bestimmen.

Ein erster bedeutender Austausch fand dazu im Rahmen des Deutsch-Japanischen Dialogs im April 2001 in Tokio statt. Das Motto der Tagung war »The Impact of Globalization on Cultural Identity in Business«.[25] In den Workshops »Global Business Culture« in Gütersloh 2002 oder »Experiences in Business« in Berlin 2004[26] wurden sowohl die Konsequenzen der Globalisierung für Deutschland diskutiert als auch die Herausforderungen für Führungskräfte kritisch beleuchtet. Die Erfahrungen des Hauses Bertelsmann mit der von meinem Mann entwickelten Unternehmenskultur, die auf der Delegation von Verantwortung, gelebter Partnerschaft zwischen Arbeitgeber und Arbeitnehmer sowie der Motivation und Identifikation der Arbeitnehmer mit den Unternehmenszielen beruht, erwiesen sich gerade im Hinblick auf die Fragen der Globalisierung als unschätzbar wertvoll.

Voneinander lernen und miteinander arbeiten war das Motto der Tagung in Beijing im Mai 2004 – ein deutsch-chinesischer Dialog über kulturelle Unterschiede. Mich persönlich haben die enormen wirtschaftlichen Aufbauleistungen in China, die kulturelle Tradition des Landes und seine hohe organisatorische Effizienz, aber auch die dort stattfindenden menschlichen Begegnungen tief beeindruckt. Rund hundertzwanzig führende Persönlichkeiten aus Politik, Wirtschaft und Kultur konnten wir bei unserem Forum in Beijing zusammenführen. Den Abschluss bildete ein Galakonzert im Rahmen des Beijing Music Festivals mit Darbietungen chinesischer und europäischer Teilnehmer unseres Wettbewerbs »Neue Stimmen«.

Bei diesem Anlass traf ich den früheren chinesischen Kulturminister Sun Jiazheng wieder, den ich 2002 kennengelernt hatte und mit dem mich bis heute ein freundschaftlicher Kontakt verbindet. Seine außerordentliche Gastfreundschaft und persönliche Herzlichkeit habe ich auch während der Olympischen Spiele im Sommer 2008 erlebt, wo er sich für unsere Begegnung mehr als zwei Stunden Zeit nahm, was im Rahmen seines äußerst eng getakteten Empfangsrahmens als einer der Gastgeber eines internationalen Großereignisses sehr viel war. Wieder einmal habe ich erfahren dürfen, dass persönliche Offenheit und tiefer Respekt vor den Leistungen des anderen einen fruchtbaren Austausch befördern können, der im nicht immer leichten Dialog zwischen China und Europa wichtige Türen öffnen kann. In einem Dialog so verschiedenartiger Kulturen müssen die unterschiedlichen Perspektiven der Gesprächspartner offen zur Sprache kommen. Nur so lernen wir, die Werte und Traditionen der anderen Seite zu verstehen, und können daraus neue und bahnbrechende Einsichten in die Möglichkeiten der Kooperation gewinnen. Offenheit, Toleranz und die Bereitschaft zu lernen sind dabei die Voraussetzungen, um gegenseitiges Vertrauen aufzubauen und tief gehende Missverständnisse im Dialog zu vermeiden.[27]

Eine weitere asiatische Wirtschaftsmacht stand im Mittelpunkt unseres Internationalen Kulturforums im Jahr 2005: Indien.[28] In Neu-Delhi diskutierten wir über die besonderen Voraussetzungen des indisch-europäischen Dialogs und das Aufeinandertreffen europäischer und indischer Perspektiven angesichts der globalen Herausforderungen in wirtschaftlicher, politischer und kultureller Hinsicht. Das Forum entstand in enger Zusammenarbeit der Bertelsmann Stiftung mit der Rajiv Gandhi Foundation sowie der Nand & Jeet Khemka Foundation. Auch dieses Projekt des interkulturellen Austauschs verbanden wir mit einem Konzert der Teilnehmer unseres Gesangswettbewerbs »Neue Stimmen«. Auf vielfältige Weise sind bei diesem Forum Brücken zwischen den Kulturen Indiens und Europas gebaut worden, die sich in einer Vielzahl weiterer Projekte fortentwickeln.

Auch dieses Forum hat mir mit dem Zusammentreffen hochkarätiger Persönlichkeiten aus Kultur, Wissenschaft und Politik unvergessliche Momente beschert. Einer davon ist mir jedoch ganz besonders in Erinnerung geblieben. Ursprünglich war ein Treffen mit Sonia Gandhi geplant, das dann kurzfristig abgesagt wurde: Frau Gandhi sei leider außerstande, an dem vorgesehenen Tag Termine wahrzunehmen. Ich habe das sehr bedauert und mein Programm an diesem Tag anderweitig fortgeführt. Als ich nachmittags zum Gespräch mit einigen Tagungsteilnehmern auf der Terrasse meines Hotels zusammentraf, stand plötzlich der Botschafter vor mir. Frau Gandhi habe nun doch zugesagt, allerdings für den morgigen Tag um siebzehn Uhr. Zwanzig Minuten Sprechzeit seien vorgesehen. Natürlich nahm ich diesen Vorschlag an.

Am nächsten Tag wurde ich um die vereinbarte Zeit abgeholt und mit mehreren Fahrzeugen, die ich immer wieder wechseln musste, zu Frau Gandhis Anwesen gebracht. Der Bau zeichnete sich durch eine für indische Herrschaftshäuser höchst ungewöhnliche Bescheidenheit aus. Auch hier musste ich in mehreren Empfangsräumen warten, bis ich dann in einer Bibliothek mit ihr zusammentreffen durfte. Sie saß an einem langen Tisch, ihre Gestalt im Gegenlicht. Der Augenblick, als sie sich erhob, ist mir unvergesslich. Meine indischen Gesprächspartner hatten mich vor dieser Begegnung gewarnt, das Sprechen mit Frau Gandhi sei oft mühsam, der Austausch spröde. Und so begann ich, ihr von der Geschichte des Hauses Bertelsmann zu erzählen, von der Arbeit unseres Unternehmens, dem Aufbau der Stiftung, unserem Einsatz für die Reformen der Gesellschaft, von meiner Arbeit. Wir sprachen sehr offen über Menschen, bei denen wir Rat suchten, unterhielten uns über die Kriterien für Fachleute, die wir in Gremien beriefen, und sie erzählte mir, dass sie sich nur von Wissenschaftlern beraten lasse. »Nehmen Sie auch Unternehmer«, riet ich ihr. »Aber die dürfen nicht korrupt sein«, entgegnete sie. Es sei nicht einfach für sie, in Indien die Richtigen auszuwählen.

Wir sprachen lange über die Kriterien, nach denen wir Menschen einschätzten, es war ein sehr offenes, bewegendes Gespräch. Als wir zum Ende kamen, waren gut anderthalb Stunden vergangen. Sie führte mich zu einem Ölgemälde des indischen Staatsgründers Nehru, sprach über das Schicksal politischer Dynastien und erzählte mir von ihrem Sohn, der sich inzwischen auch im indischen Parlament engagierte. Unter dem Bildnis Jawaharlal Nehrus stand die kleine Plastik einer Mutter mit ihrem Kind, die ich bewunderte. Sonia Gandhi nahm sie und drückte sie mir in die Hand. »Die möchte ich Ihnen schenken«, sagte sie spontan. »Das kann ich nicht annehmen«, erwiderte ich. »Doch, das können Sie. Ich finde etwas anderes für diesen Platz.«

Es war für mich ein berührender Moment. Die kleine Plastik steht heute in meinem Büro unter einem Porträt meines Mannes. Wann immer ich sie betrachte, steht mir dieser indische Nachmittag vor Augen. Er ist mir zum Sinnbild geworden, was menschliche Begegnung vermag.

Zwei Fremde treffen aufeinander, das eine oder andere Vorurteil beeinflusst ihre Wahrnehmung. Doch dann entdecken sie etwas, das sie verbindet. Sie erkennen, dass sie sich ähnliche Fragen stellen, von Gedanken bewegt sind, die sie teilen können. Eine Brücke entsteht, der Austausch wird leicht und mühelos. Ich bin zutiefst davon überzeugt, dass es diese Begegnungen sind, die uns Hoffnung geben, dass wir in einer Welt widerstreitender Interessen noch nicht verloren sind.

Im Lauf der Jahrzehnte habe ich auch Michail Gorbatschow, den früheren Präsidenten der UdSSR, schätzen gelernt. Mein Mann und ich haben das Ehepaar Gorbatschow im Frühjahr 1992 erstmals getroffen.[29] Der Anlass war die geplante Veröffentlichung eines Buches von Michail Gorbatschow in unserem Verlagshaus, und schon unsere erste Begegnung war von überwältigender Herzlichkeit. Sein leidenschaftlicher Kampf für die Demokratisierung Russlands und das Zusammenwachsen Europas durch den Fall der Mauer haben mich tief beeindruckt. Auch ihm stand eine starke Frau zur Seite, die von mir sehr geschätzte Philosophieprofessorin Raissa Gorbatschowa, deren viel zu früher Tod meinen Mann und mich mit tiefer Trauer erfüllte.

Zu unseren Initiativen in Asien und im Nahen Osten gehören natürlich auch unzählige Reisen und persönliche Begegnungen mit politischen Freunden und Geschäftspartnern in Europa und den USA. Vor allem mit Spanien verbindet das Haus Bertelsmann eine nahezu fünfzigjährige Geschichte. Nach ersten Kontakten hatte mein Mann 1962 in Barcelona die Buchgemeinschaft Círculo de Lectores gegründet, die heute noch zu den größten und ältesten Buchclubs der spanischsprachigen Welt zählt. Für Bertelsmann bedeutete dies die erste Firmengründung im außerdeutschen Sprachraum. Der Círculo de Lectores kann zu Recht als Wiege unserer internationalen Aktivitäten betrachtet werden. Doch nicht nur wirtschaftlich war diese Gründung von enormer Bedeutung. Die mit der Gründung des Buchclubs einhergehende Bildungsförderung hat sich für die kulturelle Entwicklung Spaniens als sehr bedeutsam erwiesen und gilt bis heute als eine der wichtigsten Pionierleistungen unseres Hauses.[30]

Spanien hat immer einen besonderen Platz in unserem Herzen eingenommen, seit Jahrzehnten verbringen wir regelmäßig unsere Ferien auf Mallorca. Wie schon in seiner Heimatstadt Gütersloh hat mein Mann dort 1990 auch eine Stadtbibliothek, die Biblioteca Can Torró, gegründet, die sich binnen weniger Jahre zu einem kulturellen Magneten für die Bevölkerung, aber auch für Bibliothekare, Bildungsbeauftragte und Experten aus ganz Spanien entwickelte. Diese überwältigende Erfahrung ermutigte uns 1995 zur Errichtung einer eigenen spanischen Stiftung mit dem Namen Fundación Bertelsmann. Sie hat ihren Sitz in Barcelona und widmet sich von dort aus der landesweiten Einführung fortschrittlicher Bibliotheken, Bildungskooperationen zwischen Schulen und Bibliotheken und der publizistischen Leseförderung.[31]

Doch auch über das Bibliothekswesen hinaus hat die »Fundación Bertelsmann« zahlreiche gesellschaftliche Reformprojekte initiiert, um die tief greifenden Veränderungen in der spanischen wie in der europäischen Gesellschaft in den Zeiten der Globalisierung zu unterstützen und zu begleiten. Die spanische Königsfamilie hat dieses Engagement wiederholt in besonderer Weise gewürdigt, und wir können auf Jahrzehnte eines intensiven und bereichernden Dialogs zurückblicken.[32]

Die Bedeutung der Bertelsmann Stiftung für Spanien hat weit nach Südamerika ausgestrahlt und uns auch hier zahlreiche befruchtende Begegnungen geschenkt. Ein besonderer Freund ist uns Roberto Costa de Abreu Sodré geworden, der ehemalige Gouverneur von São Paulo und spätere Außenminister Brasiliens. Seine warmherzige Aufmerksamkeit und seine überwältigend großzügige Gastfreundschaft werden mir unvergesslich bleiben.

Die Kultur eines Landes lernt man nie allein bei offiziellen Besuchen kennen. Es sind immer die persönlichen Begegnungen mit den Menschen, ihren Eigenarten, Gesten und Haltungen, die uns mehr erzählen, als es ganze Bücher vermögen. In den Begegnungen werden Traditionen vergegenwärtigt, verbinden sich Geschichte und Gegenwart eines Landes zu einprägsamen Augenblicken, die die Kultur erst lebendig werden lassen.

Auch mit den Vereinigten Staaten verband meinen Mann und mich eine jahrzehntelange Freundschaft und Zusammenarbeit. Als junger Kriegsgefangener im amerikanischen Lager Concordia im Bundesstaat Kansas durfte mein Mann zum ersten Mal erleben, was Demokratie und bürgernahes demokratisches Engagement wirklich bedeuten.[33] Er hat diese Erfahrung nie vergessen, sie hat sein Leben und seine Entwicklung als Unternehmer und Stifter nachhaltig beeinflusst. Menschlichkeit und Freiheit erwachsen aus der Verantwortung für das Miteinander, aus dem bewussten Blick auf Vergangenheit und Zukunft. Und so ist meinem Mann und mir immer bewusst gewesen, dass das Bemühen der Bertelsmann Stiftung um internationale Verständigung in besonderer Weise einen Beitrag zur Aussöhnung mit Israel leisten, aber auch die Brücke zur transatlantischen Partnerschaft mit den USA ausbauen wollte.

Auf zahlreichen Reisen, die ich mit meinem Mann für die Stiftung unternahm, konnten wir in über zwanzig Jahren zahlreiche transatlantische Initiativen mitbegründen und gestalten. Ein Höhepunkt unserer Bemühungen war im Jahr 2008 die Eröffnung der Repräsentanz der Bertelsmann Stiftung in Washington.[34] Die Bertelsmann Foundation North America ist eine selbstständige Stiftung nach US-amerikanischem Recht, die mit ausgewählten Projekten und Tagungen die internationale Debatte um Chancen und Risiken der Globalisierung befördern und die lange Tradition der transatlantischen Freundschaft in die Zukunft führen soll. Ein besonderer Freund und Weggefährte ist mir dabei immer Henry Kissinger gewesen.[35] Der Gedankenaustausch mit ihm ist unglaublich inspirierend, seine reiche Erfahrung und sein tiefer Blick auf Menschen machen jedes Gespräch mit ihm zu einem besonderen Erlebnis. Auch mit Kofi Annan habe ich gern zusammengearbeitet. Kofi ist ein Meister des diplomatischen Dialogs, in jeder seiner Unternehmungen spürt man seine Leidenschaft, Menschen zusammenzuführen und auch in scheinbar ausweglosen Situationen den kleinsten gemeinsamen Nenner aufzuspüren. Als Mittler zwischen den verschiedenen Kulturen und Religionen ist er für mich stets ein Vorbild.

Die Globalisierungsprozesse der letzten Jahre stellen uns alle vor große Herausforderungen, an denen sich zeigen wird, ob die Verteilungskämpfe und Konflikte unterschiedlicher Kulturen die Welt in Gewalt und Chaos stürzen oder ob uns eine friedvolle Kooperation der Kulturen gelingen kann. Und so ist es mir auch besonders wichtig, für die nächste Generation von Führungspersönlichkeiten den Austausch zwischen Europa und den USA zu befördern. Jede Generation muss aufs Neue beweisen, dass ihr der Dialog gelingt. Sie muss sicherstellen, dass der Brückenbau, den die Nachkriegsgeneration diesseits und jenseits des Atlantik begonnen hat, sich auch in der Zukunft als stabil erweist und dass es für unser Bekenntnis zu Menschlichkeit und demokratischem Handeln keine Alternative gibt.[36]

MEDIZIN- UND GESUNDHEITSPROJEKTE

Nicht zuletzt durch die Erfahrungen in meiner eigenen Familie hatte ich ein besonderes Interesse an medizinischen Themen und Fragestellungen entwickelt. Im Rahmen einer Vorsorgeuntersuchung war bei unserem jüngsten Sohn Andreas im Alter von sieben Jahren Uveitis, eine Entzündung der Aderhaut der Augen, diagnostiziert worden. Sie tritt schubartig auf und kann zu chronischen Sehstörungen und im schlimmsten Fall sogar zu Netzhautablösung und Erblindung führen. Die Erkrankung galt damals als unheilbar. Während der akuten Schübe wurde unser Sohn immer wieder von heftigsten Kopfschmerzattacken und quälenden Augenschmerzen heimgesucht. Er konnte in solchen Phasen nichts sehen, an ausgelassenes Spielen und Toben war gar nicht zu denken. Auch durfte er oft über Wochen nicht am Schulunterricht teilnehmen.

Als Mutter tat es mir in der Seele weh, Andreas so leiden zu sehen, die ganze Familie lebte in ständiger Angst um sein Augenlicht. Wir befanden uns in engem Austausch mit Spezialisten für diese Erkrankung. Professor Boeke von der Augenklinik in Kiel machte uns wenig Hoffnung und erklärte uns, dass ihm und seinen Kollegen keine Heilungsmöglichkeiten bekannt seien.

Die Schwere des Verlaufs versuchte man damals mit Cortison zu lindern, ohne damit aber die Krankheit als solche bekämpfen zu können. Auch die Suche nach alternativen Heilmethoden brachte keine Lösung. Ich war verzweifelt. Würde unser Sohn allmählich erblinden?

Bei einem Familienurlaub auf den Seychellen im Jahr 1980 machten wir die Beobachtung, dass ein weiteres Leiden von Andreas, eine ausgeprägte Neurodermitis, auch ohne Cortisongaben sichtbare Linderung erfuhr. Innerhalb weniger Tage heilten die entzündlichen Hautstellen völlig ab. Zurück in Deutschland, stellte der behandelnde Augenarzt auch eine deutliche Besserung seiner Augenerkrankung fest. Mein Sohn konnte seine Sehschärfe zurückgewinnen.

Was war da geschehen? Die besonderen klimatischen Verhältnisse auf den Seychellen, die Wärme, das intensive Licht, die Seeluft – irgendetwas musste hier seine Wirkung entfaltet haben. Im Gespräch mit den Ärzten war ich wie elektrisiert. Auf einmal stand die Hoffnung im Raum, mit einer Klima- oder Lichttherapie auch anderen Betroffenen helfen zu können. Diese Aussicht beflügelte mich ungemein. In der Bundesrepublik gab es damals ungefähr zweihunderttausend Uveitis-Erkrankungen, die Behandlungskosten gingen in die Millionen. Auf meine Initiative hin begründete die Bertelsmann Stiftung im Jahr 1981 das Uveitis-Projekt,[37] in dessen Folge in den Jahren 1981, 1985 und 1986 je zwei Gruppen von Uveitis-Patienten unter ärztlicher Aufsicht an das Tote Meer nach Israel reisten. Das Pilotprojekt zeigte, dass bei den Patienten unter dem Einfluss der besonderen Lichtverhältnisse eine Abschwächung und teilweise sogar eine Heilung der Augenkrankheit eintrat.

Um eine Verbesserung der Forschungs-, Informations- und Ausbildungssituation bei der Diagnostik und Therapie von Uveitis zu erreichen , wurde im Jahr 1984 die Deutsche Uveitis-Studiengruppe in Gütersloh gegründet, der vorwiegend Augenärzte verschiedener Universitätskliniken angehörten. Im Sommer 1986 riefen wir dann in Gütersloh die erste Uveitis-Selbsthilfegruppe Deutschlands ins Leben, eine damals noch nicht selbstverständliche Initiative, die zum Vorbild für viele weitere Selbsthilfegruppen wurde. Ziemlich genau vier Jahre später übernahm ich den Vorsitz der im Juli 1990 gegründeten Deutschen Uveitis-vereinigung. In den folgenden Jahren sind aus dieser Initiative weitere Forschungsprojekte, unter anderem an der Universität Münster, hervorgegangen, die die Entwicklung einer ambulanten Lichttherapie vorantrieben. Das Projekt »Uveitis« war das erste Medizinprojekt der Bertelsmann Stiftung.[38]

Diese ersten Erfolge, die sich aus einer persönlichen Beobachtung und aus meinem intuitiven Empfinden heraus entwickelt hatten, bestätigten mich darin, den Weg der unkonventionellen Zusammenführung von Experten weiterzuverfolgen. Das Uveitis-Projekt hatte mich gelehrt, internationalen Rat zu suchen, wann immer er nötig war, und im Dienst der Sache auch ungewöhnliche Kooperationen einzugehen.

Parallel zu dem Uveitis-Projekt beschäftigte ich mich seit Längerem auch mit dem Gebiet der neurologischen Erkrankungen.[39] Wieder einmal stand ein persönliches Erlebnis am Anfang. Einer meiner Söhne zeigte im Alter von vierzehn Jahren immer stärker auftretende Bewegungsstörungen, die schließlich zu einer Lähmung der linken Körperhälfte führten. Wir waren starr vor Angst. Würde unser Sohn ein Pflegefall werden? Nach sechs Wochen schließlich konnte er wieder laufen, doch eine Erklärung für dieses Vorkommnis konnten mir auch die Neurologen nicht geben.

In dieser Zeit wusste ich wenig über das Krankheitsbild des Schlaganfalls, in der Öffentlichkeit spielte das Thema so gut wie keine Rolle. Im Fall unseres Sohnes hat sich diese Diagnose zum Glück nicht bewahrheitet. Die Ärzte vermuteten eine Borrelioseerkrankung aufgrund eines Zeckenbisses. Doch unsere Hilflosigkeit in der damaligen Situation hatte mich sensibilisiert, als mich Neurologen, die ich bei der Erkrankung unseres Sohnes kennengelernt hatte, um Unterstützung für ein Projekt zur Früherkennung des Schlaganfalls baten.

Im August 1983 sprach ich mit dem Gütersloher Neurologen und Psychiater Prof. Dr. Gerhard Sitzer und unserem damaligen Geschäftsführer Dr. Hans-Dieter Weger über ein mögliches Engagement der Bertelsmann Stiftung auf dem Gebiet der Neurologie.[40] Im Jahr 1984 entschlossen wir uns in einem ersten Projekt der Universitätsklinik Düsseldorf, die Studien zur Erfassung der Strömungsverhältnisse in den zuführenden Hirnarterien zu fördern, um auf diesem Wege Erkenntnisse zur Beurteilung arteriosklerotischer Gefäßerkrankungen zu erlangen. Dieses Projekt, genannt »Neurologie I«, wurde in den Jahren 1984 bis 1987 durchgeführt. Ziel war es, auf der Grundlage sorgfältiger Ergebnisse das individuelle Schlaganfallrisiko zu ermitteln. In einem weiteren neurologischen Projekt, genannt »Neurologie II«, förderte die Bertelsmann Stiftung von 1985 bis 1988 ein Vorhaben der Klinik für Neurologie an der Universität Münster, das die Anzeichen für einen drohenden Hirninfarkt ermitteln sollte. Die Förderung umfasste neben der finanziellen Unterstützung auch die Anschaffung notwendiger Apparaturen. In einem dritten Stiftungsprojekt namens »Neurologie III« wiesen die Universitätskliniken Mannheim und Münster anhand von Blutproben Ursachen für eine mögliche Tendenz zur Thrombose nach, die der Auslöser für einen Schlaganfall sein könnte.

Was sich im Rückblick so nüchtern vermitteln lässt, habe ich über die Jahre hinweg mit wachsendem persönlichem Engagement begleitet. In den Anfangsjahren suchte ich unermüdlich das Gespräch mit einer ganzen Reihe von führenden Medizinern. Ich wollte alles wissen! Nach und nach erfuhr ich immer mehr Einzelheiten über die heimtückische Volkskrankheit Schlaganfall, die als dritthäufigste Todesursache in der Bundesrepublik gilt. 250 000 bis 300 000 Menschen wurden damals nach den offiziellen Statistiken jährlich Opfer einer solchen Erkrankung, an der jeder fünfte Patient starb. Nur ein Viertel der Betroffenen wurde überhaupt wieder arbeitsfähig. Darüber hinaus musste man davon ausgehen, dass die Dunkelziffer immens hoch war, denn bei Weitem nicht jeder Schlaganfall wurde auch als solcher diagnostiziert.

Je mehr ich mich mit dieser Krankheit auseinandersetzte, umso deutlicher wurde mir, mit wie viel Tabus dieses Thema behaftet war. Wen immer ich spontan ansprach, er oder sie zeigte sich eher peinlich berührt. Fast alle dachten, »der Schlag« treffe sowieso nur alte Menschen. Grauenhaft, die Vorstellung, irgendwann einmal mit schiefem Mund, Sprachschwierigkeiten und Lähmungserscheinungen leben zu müssen, sicher. Aber das seien ja wohl Einzelfälle. Ein Problem der Alten also, doch ganz bestimmt kein aktuelles medizinisches Phänomen.

Das Gegenteil war der Fall. Als ich anfing, Intensivstationen und Rehakliniken zu besuchen, in denen Menschen nach einem Schlaganfall behandelt wurden, wurde mir erst das ganze Ausmaß der Herausforderung bewusst. Sowohl in der Bevölkerung als auch bei den Ärzten selbst wusste man viel zu wenig über die Entstehung dieser Krankheit. Neben der wachsenden Zahl älterer Patienten kann der Schlaganfall immer auch Jugendliche, Kinder und sogar Babys im Mutterleib treffen.

Mein Engagement brachte mich mit unzähligen Menschen zusammen. Manche verzweifelte Patienten und ihre Angehörigen werde ich nie vergessen. Längst war mir die Arbeit für die Schlaganfallopfer zur Herzensangelegenheit geworden. Mir war klar, dass das Thema Schlaganfall eine eigene Lobby benötigte. Ich sprach mehrfach mit meinem Mann darüber, der zwar die Notwendigkeit meines Anliegens erkannte, mir aber auch unmissverständlich erklärte, dass die Erforschung der Krankheitsursachen und eine effiziente Öffentlichkeitsarbeit die Kapazitäten der Bertelsmann Stiftung auf Dauer überfordern würden. Für eine Ausweitung meiner Initiative musste ich alleine einstehen.

Ich dachte intensiv darüber nach, wie eine Stiftung dazu aussehen könnte. Würde ich für dieses schwierige Thema eine Öffentlichkeit schaffen können? Am 17. November 1992 war es dann so weit. Die selbstständige Stiftung Deutsche Schlaganfall-Hilfe wurde errichtet und am 29. Januar 1993 durch den Innenminister des Landes Nordrhein-Westfalen genehmigt.[41]

Nach nunmehr siebzehn Jahren Stiftungsarbeit weiß ich, dass sich unser Weg gelohnt hat. Die Anfänge waren hart. Oft stand ich zwischen vier und fünf Uhr morgens auf, um ausreichend Termine mit Ärzten, Sponsoren und Projektpartnern wahrnehmen zu können. Zweifelsohne waren dabei der Name Mohn und die bestehenden Kontakte des Hauses Bertelsmann ein guter Türöffner. Doch überzeugen musste die Stiftung allein.[42]

Mit der Zeit habe ich viele namhafte Vertreter der

deutschen Wirtschaft dafür gewinnen können. Unter den Förderern sind bis heute Vorstandsvorsitzende großer Unternehmen, engagierte Mittelständler, aber auch zahllose engagierte private Förderer, die sich für unser Anliegen einsetzen. Nur durch ihre unermüdliche Unterstützung war ein konsequenter Ausbau der Stiftung möglich. Viele bundesweit engagierte ehrenamtliche Mitarbeiter haben durch ihr freiwilliges soziales Engagement unser Anliegen sowohl hilfreich umgesetzt als auch öffentlich bekannt gemacht. Gemeinsam mit Vertretern aus Politik, Gesundheitswesen und Medizin, Kultur und Wissenschaft haben wir dem Thema Schlaganfall zu der Öffentlichkeit verhelfen können, die sowohl für eine wirksame Bekämpfung der Ursachen als auch für eine Verbesserung der Prävention, Akutversorgung und der Rehabilitation des Schlaganfalls unentbehrlich ist.

Auf nationaler und internationaler Ebene koordiniert die Stiftung die Aktivitäten zu verschiedenen Facetten des Schlaganfalls, vernetzt und fördert dabei insbesondere Modellvorhaben. Sie unterstützt Maßnahmen zur Qualitätssicherung und -verbesserung bei der Versorgung von Schlaganfallpatienten, zum Beispiel durch die flächendeckende Etablierung von Schlaganfallstationen und die Einrichtung einer durchgehenden Versorgungskette.

Wir haben viel erreichen können, doch noch immer bleibt viel zu tun. Obwohl wir immens viel für die Prävention und Versorgung des Schlaganfalls leisten konnten, hat das stetige Älterwerden unserer Gesellschaft dazu geführt, dass die Zahl der jährlichen Schlaganfallerkrankungen nahezu unverändert bei mehr als 200 000 Menschen geblieben ist. Alle drei Minuten ereignet sich ein Schlaganfall, alle neun Minuten stirbt ein Betroffener. Noch immer gilt der

Schlaganfall als dritthäufigste Todesursache. Angesichts des dramatischen Anwachsens der Alterspyramide, die unserer Gesellschaft bevorsteht, sind das alarmierende Zahlen. Bis zum Jahr 2030 muss mit einer Verdoppelung der Schlaganfallerkrankungen bei den über Fünfundsechzigjährigen gerechnet werden. Das deutsche Gesundheitssystem sieht sich gewaltigen Herausforderungen gegenüber. Wir stehen hier in einem kritischen Diskurs mit Kliniken und Versicherern, denn wir müssen als Stiftung immer wieder feststellen, dass durch die starke Fragmentierung unseres Gesundheitssystems erhebliche Qualitäts- und Wirtschaftlichkeitspotenziale ungenutzt bleiben.

Die Stiftung Deutsche Schlaganfall-Hilfe setzt sich unermüdlich für tragfähige Lösungskonzepte zur Optimierung der Schlaganfallversorgung ein. Unser gesellschaftlicher Auftrag besteht vor allem in der Weiterentwicklung zur Unterstützung der medizinischen Services, um eine schnelle und professionelle Hilfe zu gewährleisten. Darüber hinaus haben wir uns der Förderung der Prävention, innovativer Diagnostik und Therapiemethoden verschrieben.

Nach wie vor tut Aufklärung zum Schlaganfall not. Jede Wissenslücke stellt eine Gefahr für die betroffenen Menschen dar, denn beim Schlaganfall zählt jede Minute. Der flächendeckende Aufbau von spezialisierten Schlaganfallstationen gehört daher zu unseren vordringlichsten Stiftungszielen. Diese sogenannten Stroke Units sind in der Lage, ein integratives Behandlungskonzept schon im Akutstadium zu realisieren. Dazu gehören sowohl eine schnelle und sichere Diagnose wie auch die Einleitung einer multidisziplinären Therapie. Wir sind stolz darauf, dass die von uns initiierten Stroke Units die Behandlungsprognosen um 25 Prozent verbessern.

Nach wie vor gehören eine engagierte Öffentlichkeitsarbeit, die Gewinnung von Neuspendern und die Bindung verdienter Spender, das sogenannte Fundraising, zu unseren grundlegenden Aufgaben. Wir arbeiten dazu eng mit Printmedien, mit TV und Hörfunk zusammen, stellen unsere Ziele aber auch immer häufiger in Online-Auftritten vor. Mit sorgfältig konzipierten und ausgewählten Charity-Events wie dem Rosenball der Bertelsmann AG, dem SemperOpernball, der uns 2008 als Charity-Partner auswählte, oder der Golf-Charity-Turnierserie »Schlag gegen den Schlag« können wir stattliche Erlöse erzielen, die unserer Arbeit zugutekommen.

Meine persönliche Entscheidung für dieses Engagement hat sich über lange Zeit als Fulltimejob erwiesen. Unzählige Reisen, Tausende von Telefonaten und persönlichen Begegnungen sind ein Teil davon. Doch ich gehöre wohl zu den Menschen, bei denen die eingebrachte Energie in einer erfüllenden Aufgabe auch tausendfach zurückfließt. So glücklich ich über das Erreichte bin, so weiß ich doch, dass uns das Thema Schlaganfall in den nächsten Jahren weiterhin stark beschäftigen wird. Ich bin froh und dankbar für jeden, der unsere Ziele auch in Zukunft unterstützt.

Die Beschäftigung mit dem Schlaganfall hatte mich für Präventionsmaßnahmen und Gesundheitsvorsorge sensibilisiert. Mir war wichtig, dass das Haus Bertelsmann hier mit gutem Beispiel voranging. Wir waren das erste Unternehmen, das seinen Mitarbeitern einen Schlaganfall-Check-up anbot. Rund 1700 Beschäftigte nahmen ihn wahr. Die Ergebnisse waren alarmierend. Übergewicht und Bluthochdruck machten 25 Prozent der Untersuchten zu einer Risikogruppe, die sich in ärztliche Behandlung begeben musste.

Die Stiftung Deutsche Schlaganfall-Hilfe organisierte zwischen 1996 und 1997 mit mehreren Betriebskrankenkassen eine Pilotstudie in verschiedenen großen deutschen Unternehmen. Die Versicherten sollten sich einer breit angelegten kostenlosen Vorsorgeuntersuchung unterziehen, an der sich letztlich fünftausend Teilnehmer beteiligten.[43] Mit dieser Initiative haben wir gezeigt, dass es durchaus möglich ist, eine große Anzahl von Menschen für Präventionsmaßnahmen zu gewinnen. Angesichts einer sich seit Jahren abzeichnenden Kostenexplosion im Gesundheitswesen sind Präventionsmaßnahmen dringend erforderlich, die zu Einsparungen führen können. Mit den Erfahrungen der Deutschen Schlaganfall-Hilfe, die heute von meiner Tochter Brigitte als Vorstandsvorsitzender geleitet wird, konnte ich zahlreiche Initiativen und Projekte in der Bertelsmann Stiftung anregen. So habe ich auf Wunsch meines Mannes bereits im Juni 1989 ein Projekt zur Förderung der manuellen Medizin, der sogenannten Chiropraktik, initiiert, das im Oktober 1994 schließlich in enger Kooperation mit der Westfälischen Wilhelms-Universität Münster zur Gründung einer Akademie zur Förderung der Manuellen Medizin zwecks umfassender Förderung in Lehre und Forschung, Aus- und Weiterbildung führte.[44]

Aus meinen persönlichen Beobachtungen ist in jenen Jahren ein weiteres Gesundheitsprojekt entstanden. Es betraf die Ende der achtziger Jahre noch wenig bekannte Wirkung von Mineralien und Spurenelementen auf den menschlichen Organismus.[45] Durch eine Erkrankung meines Mannes wurde ich darauf aufmerksam. Ich führte Spezialisten aus ganz Europa zusammen. Daraus entstand ein von 1990 bis 2000 von der Bertelsmann Stiftung gefördertes

Projekt »Mineralien und Spurenelemente«. Das Thema wurde populär und gehört heute zum Allgemeinwissen.

Nach wie vor gehört in unserem Stiftungsschwerpunkt Gesundheit, der heute von meiner Tochter Brigitte äußerst engagiert und kompetent geleitet wird, die Erforschung und Förderung von gesunden Lebenswelten zu unseren vordringlichsten Aufgaben.[46] In Kindergarten, Schule, Betrieb und Kommunen kann viel dafür getan werden, dass die Menschen von klein auf in ihrem Gesundheitsbewusstsein geschärft und dass gesunde Verhaltensweisen in ihren Alltag integriert werden. Die Bertelsmann Stiftung hat zahlreiche Initiativen gestartet, um im Dialog mit politisch Verantwortlichen Maßnahmen auf Landes- und Bundesebene anzuregen. Hier besteht nach wie vor enormer Handlungsbedarf. Trotz vieler Bemühungen hat sich die gesundheitliche Situation an den Schulen bis heute nicht nachhaltig verbessert. Zahlreiche Schüler leiden an Gesundheitsproblemen wie Übergewicht oder haben nachweisbare motorische Defizite.

Darüber hinaus zeigt sich im internationalen Vergleich, dass auch die Leistungen der deutschen Schüler hinter den propagierten Zielen zurückbleiben. Viele Lehrer klagen über die Zunahme von Stress im Unterricht und/oder fühlen sich bereits mit Anfang fünfzig völlig ausgebrannt. Deshalb fordert die Bertelsmann Stiftung grundlegende Reformen im Bereich Schulgesundheit und hat hierfür das Projekt anschub.de in einer länderübergreifend und regional geführten Allianz von Institutionen aus dem Gesundheits- und Bildungsbereich initiiert. Unser gemeinsames Ziel ist es, mit neuen Impulsen in Deutschland die gesundheitlichen Verbesserungen in den Schulstrukturen »anzuschieben«.

Nach zweijähriger Projektvorbereitung haben wir nun an einzelnen Schulen in ausgewählten Modellregionen mit der praktischen Umsetzung begonnen. Eine enge Zusammenarbeit zwischen Schülern, Eltern, Lehrern und der Schulleitung ist für das Gelingen unumgänglich. Wir hoffen, mit unserem Modellprojekt Impulse für die Lehrerfortbildung und Schulberatung vermitteln zu können, um sie dann über Landes- und Bundesebene hinaus kontinuierlich voranzutreiben.

Im Rahmen der von meinem Mann entwickelten Unternehmenskultur war es ihm und mir stets ein Anliegen, den Gedanken des partnerschaftlichen Miteinanders zwischen Arbeitgebern und Arbeitnehmern auch auf dem Gebiet einer betrieblichen Gesundheitspolitik stetig voranzutreiben. Im Rahmen der globalen wirtschaftlichen Herausforderungen sehen sich viele Mitarbeiter mit einem gewachsenen Maß an Eigenverantwortung, Selbstbestimmung und betrieblicher Mitsprache konfrontiert. Was positiv klingt und sich im besten Fall mit dem Erleben einer sinnvollen Tätigkeit verknüpft, hat auf der praktischen Seite aber für viele Menschen auch ein höheres Arbeitstempo, Stress und persönliche Unsicherheit zur Folge. Angesichts einer immer größer werdenden Schere zwischen dem Wunsch des Einzelnen nach sinnerfüllter beruflicher Tätigkeit und einem rapiden Wandel der realen Arbeitsbedingungen hat die Bertelsmann Stiftung eine Expertenkommission gegründet, die die Zukunft einer zeitgemäßen betrieblichen Gesundheitspolitik untersuchen soll. Über allgemeine gesundheitliche Fragen hinaus zeigt die Kommission die ökonomischen, sozialen und humanen Anforderungen auf. Daraus ist in Zusammenarbeit mit der Hans-Böckler-Stiftung der »Initiativkreis betriebliche Gesundheitspolitik«

erwachsen, der ein Zehn-Punkte-Programm zur Reform der gesetzlichen Unfallversicherung entwickelt hat.

Auch das Folgeprojekt »Zeitgemäße betriebliche Gesundheitspolitik« hat sich aus den Empfehlungen der Expertenkommission ergeben. Ein Gesundheits-Check-up für Führungskräfte gehört genauso zu unseren Projekten wie die beständige Förderung und Umsetzung der Präventionsprogramme in Unternehmen. Besonderes Augenmerk verdient das in Kooperation mit der Hans-Böckler-Stiftung und INQA, der Initiative Neue Qualität der Arbeit, entstandene Projekt »Gesunde Arbeitswelten im demografischen Wandel«. Um die Gesundheit und Leistungsfähigkeit einer alternden Belegschaft langfristig zu erhalten, haben wir zahlreiche regionale Kompetenzwerke aufgebaut, die kleinen und mittleren Unternehmen den Zugang zum Wissen über betriebliche Gesundheitspolitik erleichtern sollen.

Die Verbreitung und Verbesserung betrieblicher Gesundheitspolitik ist mir bis heute ein Herzensanliegen geblieben. Und ich habe mich gefragt, wie man die unternehmerischen Standards für Gesundheitsförderung und Prävention und die damit verbundenen Grundfragen zur Vereinbarkeit von Familie und Beruf angesichts globaler Herausforderungen effizient umsetzen kann. Denn die Unterschiede im Umgang und in der Gestaltung dieser Faktoren sind immens.

Im Jahr 2001 habe ich dazu die Gründung des international tätigen Unternehmensnetzwerks »Enterprise for Health« initiiert.[47] Mit Freude nahm ich wahr, wie sich daraus ein Unternehmenskreis entwickelte, der einzigartig für Europa die Fragen der Gesundheit, der Leistungsfähigkeit und der Motivation der Mitarbeiter vor dem Hintergrund zahlreicher psychosozialer und ökonomischer

Faktoren behandelt. Die weltweite Wirtschaftskrise hat die bestehenden Ängste vieler Arbeitnehmer noch verschärft. Aktuelle Umfragen zeigen, dass vor allem junge Menschen ihre Arbeitsbedingungen als so belastend einschätzen, dass sie nicht glauben, gesund das Rentenalter erreichen zu können. Als besonders alarmierend empfinde ich dabei, dass die Menschen sich mehr vor einem möglichen Verlust ihres Arbeitsplatzes fürchten als vor dem Verlust ihrer Gesundheit.[48] Das ist ein bestürzendes Indiz dafür, wie sehr sich die Werte nicht nur in unserer Gesellschaft, sondern auch in unserer Arbeitswelt verschoben haben. Umso wichtiger ist die Initiative dieses Netzwerks. Eine internationale Mitarbeiterbefragung der Bertelsmann AG hat den Zusammenhang zwischen einer partnerschaftlichen Führung und Motivation, Kreativität, aber auch Leistungs- und Veränderungsbereitschaft und last, not least dem Wohlbefinden und der Gesundheit der Mitarbeiter bestätigt. Ausschlaggebend für engagierte, erfolgreiche und zufriedene Mitarbeiter waren der Freiraum zur Gestaltung, die Delegation von Verantwortung und die Möglichkeit, sich mit eigenen Ideen in die Arbeit einzubringen. In einem gut geführten Unternehmen werden nicht nur bessere Renditen erwirtschaftet, die Mitarbeiter sind auch seltener krank![49]

Wirtschaftlicher Erfolg und persönliche Motivation bedingen einander, beides zusammen hat maßgeblichen Einfluss auf die Gesundheit eines Arbeitnehmers. Zur Bewältigung der Zukunft braucht unsere Gesellschaft innovative und leistungsstarke Unternehmen, die nachhaltig wirtschaften und deshalb langfristig planen können. »Enterprise for Health« hat dazu einen bedeutsamen Beitrag geleistet. Es hat deutlich werden lassen, dass die Beschäftigungsqualität einhergeht mit modernen Strukturen im Unternehmen.

Meine große Hoffnung gilt dem Bemühen von Unternehmern und Mitarbeitern, auf der Basis von Eigenverantwortung und Selbstbestimmung, Solidarität und Menschlichkeit eine neue Balance zu finden. Wenn es uns gelingt, dem betrieblichen Gesundheitsmanagement nicht nur neue Impulse zu geben, sondern sie in wirtschaftlich schwierigen Zeiten auch zu bewahren, ist viel gewonnen. Jedes Unternehmen, das sich auch im Bereich der Gesundheitsvorsorge um den Erhalt einer auf den Menschen ausgerichteten Unternehmenskultur bemüht, ist ein Vorbild für eine humane und zukunftsorientierte Gesellschaft.

MUSIK- UND KULTURPROJEKTE

Seit meiner Kindheit war ich fasziniert von der Kraft und Schönheit der menschlichen Stimme. Wenn meine Mutter mit uns Kindern sang, begeisterte mich das von klein auf. Als junges Mädchen habe ich gerne mit Freunden gesungen und mich auch als erwachsene Frau vom Schlager bis zu klassischen Arien immer wieder von der Musik verzaubern lassen. Die Leidenschaft für die Musik konnte ich mit meinem Mann teilen, der selbst eine sehr schöne Stimme hatte.

Auf meinen internationalen Reisen habe ich immer wieder erleben dürfen, wie sehr die Musik die Menschen über nationale, ethnische und sprachliche Grenzen hinweg zu verbinden vermag. In der Musik lag und liegt für mich eine unverwechselbare, stärkende, tröstende Kraft, die mir auch in schweren Stunden stets aufs Neue geholfen hat.

Für den Festakt zum hundertfünfzigjährigen Bestehen des Hauses Bertelsmann im Jahr 1985 hatten wir Herbert von Karajan und die Berliner Philharmoniker eingeladen, in der Gütersloher Stadthalle ein Konzert zu geben. Bei einem anschließenden Gespräch klagte der Maestro, wie schwer es sei, junge Operntalente ausfindig zu machen. In allen möglichen Bereichen werde der Nachwuchs gefördert, doch auf dem Gebiet junger Opernstimmen herrsche ein großer Mangel. Der Gedanke, hier hilfreich zu sein, elektrisierte mich. Wäre das keine Aufgabe für die Bertelsmann Stiftung?

Im Gespräch mit meinem Mann spürte ich sofort, dass er von der Idee genauso begeistert war wie ich. Doch nach der anfänglichen Euphorie ahnte ich, dass sich daraus eine riesige und äußerst zeitaufwendige Aufgabe entwickeln könnte. Keine Frage: Ich benötigte professionelle Partner und die Vernetzung mit anerkannten Institutionen der Opernlandschaft, um ein solches Vorhaben zu realisieren. Mein wichtigster Partner wurde der damalige Generalintendant der Bayerischen Bühnen, Prof. August Everding. Schon nach unserem ersten Telefonat war er Feuer und Flamme, denn den Mangel, den wir mithilfe der Bertelsmann Stiftung beheben wollten, kannte er nur allzu gut aus seiner jahrzehntelangen Bühnenerfahrung. Als Präsident des Deutschen Bühnenvereins und Präsident der Bayerischen Theaterakademie hatte seine Stimme Gewicht. Wer ihn für ein Vorhaben gewonnen hatte, sah sich von einem couragierten und unermüdlichen Kämpfer unterstützt.

Bei einem Treffen in München erklärte mir August Everding, dass es weltweit keinen einzigen Wettbewerb für junge Gesangstalente mit Orchesterbegleitung gab. Wie aber sollten junge, klassisch ausgebildete Sänger und Sängerinnen ihre Bühnenpräsenz erproben, die doch für eine ernst zu nehmende Opernkarriere unabdingbar war? Zu jener Zeit fand das traditionelle Vorsingen noch in kleinen, staubigen Räumen der Musikhochschulen und Akademien statt, die man für solche Gelegenheiten aufschloss. Es war üblich, mit Klavierbegleitung zu singen, von einem begleitenden Orchester konnten die jungen Nachwuchssänger nur träumen. Was fehlte, war ein echter Wettbewerb unter Livebedingungen, der Auftritt auf einer großen Bühne, die die jungen Sänger mit ihrer »Präsenz« ausfüllen mussten.

In diesem intensiven Gespräch mit August Everding wurde die Idee unseres internationalen Sängerwettbewerbs »Neue Stimmen« geboren. In enger Zusammenarbeit mit dem Deutschen Bühnenverein, dessen Vorsitzender er war, baute August Everding unsere Nachwuchsbörse für nationale und internationale Opernsänger auf. Eine Jury aus anerkannten Opernfachleuten wurde berufen, unter denen bis heute so berühmte Regisseure, Musikkritiker und Künstler vertreten waren wie Elisabeth Legge-Schwarzkopf, Hans Pischner, James Wagner, Josef Metternich, Brigitte Fassbaender, Erika Köth, Edda Moser, Birgit Nilsson, Thomas M. Stein, Hellmuth Matiasek, Francisco Araiza, Sir George Christie, René Kollo, Gérard Mortier, Hans Hirsch, Christoph Groszer, Nicholas Payne, Siegfried Jerusalem, Dominique Meyer, Evamaria Wieser, Bernd Loebe, Jürgen Kesting und Anja Silja. Den Vorsitz hatte August Everding bis zu seinem Tod 1999 inne.

Von Anfang an waren wir bemüht, die Chancen der Nachwuchssänger durch Fernsehübertragungen ihrer Auftritte und durch die Anwesenheit von Agenten und Intendanten zu fördern. Unser erster Wettbewerb der »Neuen Stimmen« startete zunächst auf europäischer Ebene und fand erstmals 1987 in Gütersloh statt.[50] Mitmachen durfte, wer an einer europäischen Musikhochschule Gesang studierte. Sechsunddreißig Teilnehmer aus der Bundesrepublik Deutschland, Österreich, der Schweiz, Frankreich, Italien, England, Polen, Bulgarien, Schweden, Kanada, den USA, Südkorea und Japan hatten sich in einer Reihe von Vorentscheiden für die Endauswahl in Gütersloh qualifiziert.

Was auf europäischer Ebene begann, weitete sich in den neunziger Jahren zu einer weltweiten Unternehmung aus.

Seither finden die Vorauswahlen in immer neuen internationalen Metropolen statt. Ob Tokio oder Washington, Sydney oder Sankt Petersburg: Der Wettbewerb »Neue Stimmen« wuchs so rasant, dass 2001 zum ersten Mal Sänger aus allen fünf Kontinenten teilnahmen. Die Bedingungen der Globalisierung hatten auch unseren Gesangswettbewerb erfasst. Gerade aus den ehemaligen Ostblockstaaten ist uns ein enormes Potenzial an hochbegabten Nachwuchssängern zugewachsen. Seit 1995 arbeiten wir auch eng mit der Yokosuka Art Theatre Foundation in Japan zusammen, bei deren Vorauswahlen hundertfünfzig Bewerber aus Korea, Taiwan, Japan und Indonesien zusammenkommen. Seit 1997 werden die Vorauswahlen in China vom chinesischen Kultusministerium unterstützt und perfekt vorbereitet.[51]

Für alle Teilnehmer ist es ein langer und arbeitsintensiver Weg bis zu dem alle zwei Jahre stattfindenden Wettbewerb in Gütersloh. Damals wie heute studieren sie jeweils drei Arien aus dem klassischen Opern- und Operettenrepertoire für die Halbfinal- und die Finalrunde ein. An jeweils zwei aufeinanderfolgenden Konzertabenden präsentierten sich 2009 einundvierzig ausgewählte Sängerinnen und Sänger mit zwei Arien vor der Jury.

Längst ist aus unserem Wettbewerb eine bei Publikum und Fachleuten begehrte Festveranstaltung geworden, an der etwa neunhundert geladene Gäste aus Politik, Wirtschaft, Kultur und Medien teilnehmen. Von Anfang an gehörten Intendanten großer Häuser genauso dazu wie international tätige Agenten und Vertreter des Rundfunks, des Fernsehens und der Presse. Doch nicht nur die festlichen Finalrunden, auch das Vorsingen mit Klavierbegleitung findet nicht in kleinen Räumen, sondern während der gesamten Finalwoche im Konzertsaal statt. Künstlerischer

Leiter des Wettbewerbs ist seit 1995 Professor Gustav Kuhn, Direktor der Accademia di Montegral und heutiger Präsident der Tiroler Festspiele Erl.

Seit 1999 ist auch der Generaldirektor des Chicago Opera Theater, Brian Dickie, festes Mitglied unserer Jury und seit vielen Jahren Leiter der internationalen Vorauswahlen. Für mich ist Brian Dickie ein Pfadfinder im Meer der Mittelmäßigkeit. Neue Stimmen zu entdecken ist seine große Leidenschaft, dafür umrundet er mit schöner Regelmäßigkeit den Globus. Für ihn müssen junge Talente jedoch mehr bieten als eine verheißungsvolle Stimme. Ihr ganzes Auftreten verrät ihm, ob sie die Musik, die sie singen, auch mit jeder Faser ihres Körpers verkörpern können.

Was haben wir in all den Jahren nicht alles gemeinsam erlebt. Kurzfristige Erkrankungen, Einreiseprobleme, verlorene Koffer oder vergessene Noten halten mein Team und mich immer wieder auf Trab. Wie oft haben wir mit den jungen Sängern gebangt und gezittert, aber auch leidenschaftliche Diskussionen um unsere Finalisten geführt. Für mich persönlich wird die Stadthalle in Gütersloh dabei nun schon seit über zweiundzwanzig Jahren zu einem magischen Ort. Andere Pflichten müssen warten. In mir werden dann Erinnerungen wach, etwa an Nathalie Stutzmann, die Gewinnerin unseres ersten Wettbewerbs 1987. Sie gilt heute als bedeutendste Sängerin im Kontraltofach, gastiert auf der ganzen Welt und wurde mit zahlreichen internationalen Preisen ausgezeichnet, unter anderem mit dem Grammy Award. Oder an die Entdeckung von Vesselina Kasarova, der Gewinnerin des Wettbewerbs 1989, die heute zu den international gefragtesten Mezzosopranistinnen zählt. Oder an den Gewinner von 1995, Gwyn Hughes Jones, der bei den Salzburger Festspielen brillierte und sowohl auf europäischen Bühnen wie auch in den USA seit vielen Jahren zu Hause ist. Im Jahr 2007 hat uns die junge Lettin Marina Rebeka bezaubert, die inzwischen Engagements bis 2015 vorweisen kann.

Von Anfang an hat mich der bedingungslose Einsatz der jungen Sänger für ihren Lebenstraum berührt. Bei den Vorauswahlen und in der Endrunde werden mit gleicher Gewichtung technisches Können, musikalische Gestaltung, Stimmqualität und künstlerische Persönlichkeit sowie die Fähigkeit zur Bühnenpräsenz bewertet. Je internationaler der Wettbewerb wurde, desto größeren Wert legte ich darauf, dass wir die einmal entdeckten jungen Talente nach dem Finale nicht sofort wieder aus den Augen verloren. Denn die Gefahr ist groß, dass Nachwuchskünstler im harten Konkurrenzkampf um die besten Opernengagements ihr kostbarstes Gut, ihre junge Stimme, allzu schnell verheizen. Seit 1997 findet deshalb in dem Jahr zwischen dem zweijährigen Wettbewerbszyklus ein internationaler Meisterkurs statt. Darin können bis zu fünfzehn ehemalige Teilnehmer der »Neuen Stimmen« unter der Führung weltbekannter Musiker ohne Konkurrenzdruck an ihrer Stimme arbeiten und sowohl ihre stimmliche Ausdrucksfähigkeit schulen als auch an ihrer gesanglichen Interpretation oder an ihrer Bühnenpräsenz arbeiten.

Zusätzlich zur eigentlichen musikalischen Arbeit erhalten die jungen Sänger Fachberatung von Experten um die Themen Agenturvermittlung, Vorsingen, Vertrags- und Steuerrecht. Denn wer im internationalen Operngeschäft nicht nur kurzfristig Erfolg haben, sondern auch langfristig überleben möchte, der sollte gut gerüstet sein. Die Bertelsmann Stiftung tut viel dafür, um die jungen Talente auf allen Ebenen gut aufzustellen. Wenn ich dann einen unserer Gesangsstars oft nach Jahren auf einer der großen Opernbühnen wieder erleben kann, erfüllt mich das mit großer Freude.

Kein Zweifel, die »Neuen Stimmen« sind eine Erfolgsgeschichte. Von den Anfängen bis heute verfolgen wir damit das Ziel, höchsten künstlerischen Ansprüchen gerecht zu werden. Wir haben uns dafür zu Transparenz und Fairness gegenüber allen Teilnehmern verpflichtet. Unser Wettbewerb versteht sich als Instrument der Völkerverständigung und wahrt absolute Toleranz gegenüber der kulturellen Vielfalt und dem Individuum.

Wir sind einen langen Weg gegangen, heute sind die »Neuen Stimmen« auf der ganzen Welt anerkannt.[52] In Liebe und Dankbarkeit denke ich dabei an meinen Mann Reinhard Mohn, ohne dessen tiefe Überzeugung von der völkerverbindenden Kraft der Musik, seine unermüdliche Förderung des kreativen Wettbewerbs, seine Ideen und seinen Mut solch eine Idee keine Chance gehabt hätte.

LIZ MOHN KULTUR- UND MUSIKSTIFTUNG

Eine repräsentative Umfrage der Bertelsmann Stiftung hat ergeben, dass zwei Drittel der deutschen Bevölkerung die Förderung von Klassik und Oper für eine wichtige Aufgabe in unserer Gesellschaft halten.[53] Zwar sind es nach wie vor ältere und gut ausgebildete Menschen, die sich für Klassik und Oper besonders begeistern, aber immerhin 67 Prozent nehmen über alle Alters- und Bildungsgrenzen hinweg klassische Musik sehr bewusst im Fernsehen oder im Radio wahr. Die Förderung der Klassik wird allgemein als wichtiges Kulturgut betrachtet. Die Menschen sehen dafür ganz besonders Stiftungen, private Gönner und Mäzene in der Pflicht. Vor allem der Förderung musikalischer Fähigkeiten im Kindesalter messen sie eine besondere Bedeutung bei. Immerhin 64 Prozent der Befragten sehen die Notwendigkeit, bereits Kindergarten- und Schulkinder professionell mit Gesang zu konfrontieren. Als besonders wünschenswert wird auch die Förderung von Aufführungen an populären Orten bewertet. Mir persönlich hat diese Umfrage aus der Seele gesprochen und mich in meiner Arbeit ermutigt.

Bereits im Jahr 1997 hatte ich ein Modellprojekt zur Musikerziehung in Kindergärten und Schulen initiiert.[54] Damals war das Thema noch längst nicht in aller Munde, aber ich empfand einen eklatanten Mangel, was die musikalische Förderung von Kindern und Jugendlichen betraf. Jeder von uns kennt die Szenen, wenn in Familien, bei Freunden oder in Vereinen Lieder angestimmt werden und nur noch die Älteren den Text kennen. Die Jugendlichen stehen meist betreten dabei, oft fehlen ihnen elementare musikalische Grundvoraussetzungen, die über das gemeinsame Singen früher von Generation zu Generation weitergegeben wurden.

Gemeinsam mit dem nordrhein-westfälischen Bildungsministerium wurden innovative didaktische und methodische Lernansätze sowie Unterrichtsmaterialien entwickelt und erprobt. Dabei zeigte sich, wie stark musikalische Fertigkeiten die kognitiven und sozialen Fähigkeiten von Kindern beeinflussen können. Die Erkenntnisse ermutigten mich ungemein. Und als das Projekt 2004 zu seinem Abschluss kam, wusste ich genau, dass ich diese Arbeit unbedingt weiter ausbauen wollte. Ich dachte über eine eigene Stiftung nach.

Im November 2005 war es dann so weit. Die gemeinnützige Liz Mohn Kultur- und Musikstiftung[55] konnte mit ihrer Arbeit beginnen. Was wir im Bereich unseres internationalen Wettbewerbs »Neue Stimmen« begonnen hatten, wollte ich in seiner pädagogischen und kulturell integrierenden Qualität weiterentwickeln. Deshalb widmen wir uns dem Bereich der Musikerziehung und unterstützen hier eine ganze Reihe von Projekten zur musikalischen Förderung von Kleinkindern, Kindern und Jugendlichen. Ich bin zutiefst davon überzeugt, dass gerade der Musik eine integrative Kraft über alle Unterschiede in unserer Herkunft, Bildung und sozialen Situation zugesprochen werden kann.

Die Integration von Menschen mit Migrationshintergrund und die Förderung des Verständnisses zwischen

Menschen unterschiedlicher Kulturen gehören zu den zentralen Herausforderungen unserer Gesellschaft. Deshalb sucht die Liz Mohn Kultur- und Musikstiftung hier unablässig nach Projektideen, mit dem Ziel, möglichst viele Institutionen, Vereine, Verbände, Stiftungen und individuelle Initiativen und ihre Verantwortungsträger zu entsprechendem Handeln zu motivieren. Entscheidendes Kriterium dabei ist, dass die Kinder und Jugendlichen in jeder Phase des Projekts aktiv an dessen Realisierung beteiligt werden und den Projekten im Sinne der gesellschaftlichen Integration eine echte Vorbildfunktion zukommt.

Auch in der regionalen Kultur- und Nachwuchsarbeit bleibt viel zu tun. Mir liegt dabei der 2007 gegründete Knabenchor Gütersloh besonders am Herzen. Inzwischen singen hier mehr als sechzig Jungen im Alter von sechs bis dreizehn Jahren mit. Je nach Alter findet ein- bis zweimal wöchentlich eine Chorprobe statt, darüber hinaus erhalten die Kinder Kleingruppen- oder Einzelunterricht. In Chorwochenenden und Chorfreizeiten wird nicht nur das Erarbeitete vertieft, sondern auch die bestehende Gemeinschaft gezielt gefördert. Erste Reisen ins europäische Ausland, eine Reihe von öffentlichen Konzerten und sogar TV-Auftritten zeigen, dass wir auf einem guten Weg sind.

Wer später als Künstler Erfolg haben will, fängt oft in frühester Jugend an. Doch nicht nur die Förderung der musikalischen Grundausbildung, sondern auch die Begleitung und künstlerische Förderung bereits entdeckter Talente gehört zu den wichtigen Maßnahmen, um das einmal entdeckte kulturelle Potenzial zu schützen und weiterzuentwickeln. Die Erfahrungen unseres Wettbewerbs »Neue Stimmen« haben mir gezeigt, wie wichtig diese Aufgabe ist, wenn wir unsere kostbaren jungen Talente im harten

Konkurrenzkampf um bedeutende Engagements nicht gleich wieder verlieren wollen. Nicht wenige junge Stars lassen ihrer Stimme zu wenig Zeit zum Reifen, werden mit anspruchsvollen Partien zu früh verheizt und bleiben nach wenigen Jahren mit einem ruinierten Organ zurück.

Dem wollte ich entgegensteuern, weshalb die Liz Mohn Kultur- und Musikstiftung seit 2007 an der Finanzierung des Internationalen Opernstudios an der Staatsoper Unter den Linden beteiligt ist. Unter der künstlerischen Gesamtleitung von Daniel Barenboim bereitet das Opernstudio besonders vielversprechende Nachwuchssänger auf eine Laufbahn am Musiktheater vor.

Im Mittelpunkt unserer Förderung der Gesangstalente steht die Reifung ihrer künstlerischen und persönlichen Entwicklung. Neben dem Einsatz in kleinen und mittleren Partien an Produktionen der Staatsoper und dem gezielten Rollenstudium beinhaltet die Studioarbeit Gesangsworkshops, Einzelunterricht mit namhaften Sängern und Dirigenten, Dialog- und Rezitativarbeit, Körper- und Bewegungstraining, Schauspiel- und szenischen Unterricht sowie ein regelmäßiges Feedback zum Stand der Entwicklung. Das Opernstudio gibt den Nachwuchssängern die Chance, reguläre Ensemblearbeit in einem geschützten Raum kennenzulernen. Hier können sie ihre musikalische und künstlerische Persönlichkeit behutsam entwickeln und ausprobieren.

Für mich hat sich mit der Gründung meiner Kultur- und Musikstiftung ein persönlicher Traum erfüllt. Daniel Barenboim schreibt in seiner Autobiografie, dass wir mithilfe der Musik »etwas über uns selbst, unsere Gesellschaft, die Politik – kurz gesagt etwas über uns als Menschen erfahren können«.[56] Dem kann ich nur aus vollem Herzen zustimmen.

EINE FRAGE DES GLAUBENS. RELIGIOSITÄT UND GEISTIGE ORIENTIERUNG IN EINER GLOBALISIERTEN WELT

Meine Kindheit war stark vom katholischen Glauben geprägt. Jeden Morgen mussten meine Geschwister und ich noch vor der Schule an der Sieben-Uhr-Andacht in unserer Kirche teilnehmen. Wie oft habe ich da bitterlich gefroren und mir den Schlaf aus den Augen gerieben. An Weihnachten mussten wir sogar schon um fünf Uhr früh im Gottesdienst sein.

Die täglichen Andachten waren meine Sache nicht, ebenso wenig wie das in unserem Hause selbstverständliche Tischgebet. Wir Geschwister mussten es abwechselnd vorsprechen. Wenn ich an der Reihe war, machte ich die Sache kurz: »Für Speis und Trank sag ich Dank. Amen.« Solche immer gleichen Rituale langweilten mich. Was mich jedoch faszinierte, waren die katholischen Kirchenfeste mit ihrer sinnlichen Pracht und ihrem überwältigenden Gemeinschaftsgefühl. Diese Traditionen vermittelten mir ein Gefühl von Geborgenheit und Glück. Wenn ich auf der Fronleichnamsprozession die Blumen streuen durfte, so läutete das in meinem Empfinden den Frühling ein. Die Weihnachtszeit vermittelte mir das besondere Gefühl erwartungsvoller Freude und friedlicher familiärer Geborgenheit. Diese Wärme war keine Frage von Geschenken. Im Krieg lag manchmal auch nur ein Blumenkohl auf dem Gabentisch, es gab ja nichts. Doch meiner Mutter gelang es, aus nichts eine liebevolle Atmosphäre zu schaffen. In dunklen Stunden sang sie mit uns die alten Lieder und sprach mit uns über die Bedeutung dieses christlichen Festes.

Kein Zweifel: Die Gemeinschaft im Glauben und die Verbundenheit in Traditionen kann uns ein hilfreiches Wertegerüst vermitteln. Hier erfahren wir, was Menschlichkeit und Teilhabe an einer Gemeinschaft bedeuten. Solche Gemeinschaftsrituale sind gelebte Geschichte. Dieses Kulturgut wurde über Jahrhunderte hinweg von Generation zu Generation weitergegeben, es hat unsere soziale und persönliche Identität geprägt. Doch die Umwälzungen des 20. Jahrhunderts, die Erfahrungen zweier verheerender Weltkriege und ihrer Folgen haben das christliche Menschenbild in Europa nachhaltig erschüttert.

Je älter ich wurde, umso mehr wuchsen auch bei mir die Zweifel. Mein katholischer Kinderglaube ließ mich in vielen Fragen allein, auf die Herausforderungen meines jungen Erwachsenenlebens konnte er mir keine befriedigenden Antworten vermitteln. Ich erinnere mich noch gut daran, wie verzweifelt ich wegen der schweren Asthmaerkrankung meiner Tochter Brigitte war, die sie beinahe das Leben gekostet hätte. Wie Millionen anderer Menschen auch stellte ich mir die Frage: Warum lässt Gott dieses Leiden zu? Es ist die uralte Frage des biblischen Hiob, die Verzweiflung an Gott, die uns in schweren Lebensstunden überkommt. Es ist eine Frage, auf die es keine einfachen Antworten gibt, eine Frage, die jeder Mensch für sich, mit seinem Glauben und seinen Überzeugungen beantworten muss.

Manches von dem, was die katholische Kirche heute verkörpert, sehe ich kritisch. Die aktuellen Debatten um Verfehlungen der Kirche machen deutlich, dass auch diese

Institution der Erneuerung und Weiterentwicklung bedarf. Doch bei aller Kritik an der Institution der Kirche wurde mir mit den Jahren auch immer deutlicher, dass ohne eine geistige Orientierung, ohne ein lebensbestimmendes Wertegerüst eine soziale Gemeinschaft nicht überleben kann. Diese Form von Werteorientierung vermitteln alle Religionen weltweit, jede auf ihre eigene Weise.

Auf meiner ersten Reise nach Israel ist mir der enge Horizont meiner katholischen Erziehung schlagartig bewusst geworden. Wie in keiner anderen Stadt der Welt finden sich in Jerusalem die Wurzeln dreier Weltreligionen. Was wäre wohl aus mir geworden, wenn ich hier geboren worden wäre? Niemand kann sich aussuchen, wo er zur Welt kommt und aufwächst. Wir werden in unser Leben hineingeworfen und müssen das Schicksal seiner religiösen, politischen und sozialen Umstände annehmen. Aber sollte uns nicht genau diese menschliche Bestimmung Anlass genug sein für unbedingte Toleranz in Glaubensfragen?

In Jerusalems früherem Bürgermeister Teddy Kollek und seinem unermüdlichen Bemühen, den Menschen seiner Stadt, unabhängig von ihrer religiösen Bindung, zu mehr sozialer Sicherheit, kultureller Offenheit und persönlicher Würde zu verhelfen, fand ich ein großes Vorbild. Auch bei meinen späteren Reisen durch den asiatischen Kontinent sah ich vieles, was mich zutiefst beeindruckt hat und nachhaltig beschäftigte. Mein Mann und ich haben in vielen Gesprächen über unsere Erfahrungen, Erlebnisse und Begegnungen mit der jüdischen, muslimischen, buddhistischen und hinduistischen Welt diskutiert.[57]

Durch die Globalisierung der letzten Jahrzehnte begegnen sich unterschiedliche Kulturen und Religionen in früher nicht vorstellbarer Intensität. Menschen unterschiedlichster Herkunft, verschiedenster sozialer Prägung und religiöser Orientierung leben und arbeiten eng zusammen. Mehr denn je stellt sich die Frage, welche Werte unser künftiges Zusammenleben tragen können. Was schenkt den Menschen Lebenssinn? Welche Werte helfen uns im Umgang mit Konflikten? Weltweit diskutieren Politiker, Wissenschaftler, Schriftsteller und Unternehmer die Chancen zu einer Verständigung über nationale, ethnische, kulturelle und religiöse Grenzen hinweg. Ich bin davon überzeugt, dass eine internationale Verständigung nur im Respekt vor den geschichtlichen, kulturellen und religiösen Wurzeln möglich ist.

Aus der Erfahrung heraus, dass gerade die religiöse Prägung und Lebensform die Grundüberzeugungen der Menschen in wesentlicher Weise bestimmt, ließ mir die Frage keine Ruhe, ob nicht die Religiosität der Gesellschaften uns Aufschluss über deren Werte, Gottesvorstellungen und viele andere Lebensbereiche geben könnte. Ob nicht eine Erforschung der Religiosität entscheidende Bausteine unseres kulturellen Miteinanders offenlegen und damit verständlich machen könnte. Und bietet nicht genau ein solcher Einblick die Chance, etwas darüber zu erfahren, was die Menschen auf der ganzen Welt über alles Trennende hinweg verbindet, was ihnen gemeinsam ist?

Mit meinem Mann habe ich diese Möglichkeiten intensiv diskutiert. Wie oft hatte er in seinen Büchern und Artikeln jahrzehntelang die mangelnde Dialogfähigkeit in Politik und Wirtschaft kritisiert und ein radikales Umdenken gefordert, um unsere Gesellschaft zukunftsfähig zu machen. Wir waren uns einig, dass eine Untersuchung religiöser Lebensmuster in den großen Weltreligionen hilfreiche Einsichten für das globale Miteinander bieten könnte. Denn über die unmittelbare Dialogfähigkeit zwischen Menschen und Nationen hinaus stellte sich mein Mann auch die Frage, ob nicht erst aus der Verbindung von Demokratie und geistiger Orientierung eine Ordnungskraft zu entwickeln wäre, die den weltweiten Gefahren autoritärer Systeme gewachsen ist.

Ich stimmte ihm uneingeschränkt zu, denn ich bin der festen Überzeugung, dass die Demokratie nur zukunftsfähig ist, wenn sie die Herzen der Menschen gewinnt, wenn sie in ihrem Handeln unmittelbar auf die Lebensbedürfnisse der Bürger ausgerichtet bleibt. Wie schwer das ist, zeigt die Politikverdrossenheit in unserem Land und in weiten Teilen Europas.

Was aber kann uns aus diesem Dilemma heraushelfen? Was gibt uns Aufschluss über das, was Menschen bewegt? Eine erste Bestandsaufnahme konnte die Erforschung der Religiosität in verschiedenen Ländern bringen, die die Bertelsmann Stiftung 2007 mithilfe eines interdisziplinären Instruments entwickelte: des von mir initiierten Religionsmonitors der Bertelsmann Stiftung.[58] Mithilfe von Wissenschaftlern und Wissenschaftlerinnen aus den Fachbereichen Soziologie, Psychologie, Theologie und Religionswissenschaft verglichen wir den Grad der Religiosität und ihrer Alltagsbedeutung für die modernen Gesellschaften. Welche Bedeutung hat die Religiosität für den einzelnen Menschen? In welcher Intensität wird der persönliche Glaube praktiziert? Wie stark prägt die Religiosität die Gesellschaften? Diese und weitere Fragen beantwortet der Religionsmonitor.

In einer repräsentativen Erhebung wurden über 21 000 Menschen in einundzwanzig Ländern interviewt. Hinter diesen Zahlen stehen einzelne Menschen, die sehr konkret aus ihrem Leben erzählen und so von ihrer Weltanschauung und ihrem persönlichen Lebenssinn berichten. Die Befragten sind repräsentativ für Millionen anderer Menschen rund um den Globus. So gewährt uns der Religionsmonitor tiefe Einblicke in die Weltreligionen und lässt uns teilhaben an zahlreichen Kulturen in allen Erdteilen.

Im Jahr 2009 veröffentlichte die Bertelsmann Stiftung die Analysen und Kommentare des Religionsmonitors in einer ersten großen Studie mit dem Titel »Woran glaubt die Welt?«[59] Die Ergebnisse haben uns überrascht. Durch alle Kulturen und Religionen hindurch war eine vergleichbare Idee von Religiosität nachweisbar, die in Bekenntnissen zu einer verantwortungsvollen Lebensführung ihren Ausdruck fand. Wer sich religiös orientierte, war weniger in Gefahr, allein einem persönlichen Glücksverlangen zu huldigen, sondern fühlte sich immer auch den Zielen einer Gemeinschaft verpflichtet. Über Sprachen und Kulturen hinweg verwiesen die Befragten auf Begriffe wie Toleranz, Wahrhaftigkeit, Verantwortung und persönliche Aufrichtigkeit, wenn sie ihr Verständnis von gelungener Religiosität zu beschreiben suchten.

Mich haben diese Ergebnisse sehr berührt, sie haben mir Mut und Hoffnung für meine Arbeit gegeben. Offenbart sich in der überwältigenden Haltung der Befragten nicht ein Code der Menschlichkeit, den wir alle in uns tragen? An den es zu appellieren gilt, wenn wir in einer internationalen Gemeinschaft die Herausforderungen der Zukunft bewältigen wollen? Vielleicht vermag uns allein unsere unablässige Suche nach gemeinsamen Wurzeln, nach verbindenden Werten, Hoffnungen und Zielen helfen, den dornigen Pfad der internationalen Verständigung weiter zu beschreiten.

VERANTWORTUNG FÜR BERTELSMANN

UNTERNEHMENSKULTUR ALS ERFOLGSGESCHICHTE

Im Jahr 2010 durften wir das 175-jährige Bestehen des Hauses Bertelsmann feiern.[60] Kaum ein anderes Medienunternehmen weltweit verfügt über eine so lange Tradition und Geschichte. Als protestantisches Verlagshaus in der ersten Hälfte des 19. Jahrhunderts gegründet, gehörten das soziale Engagement, die Fürsorge für die Mitarbeiter und ihre Familien, der Bürgersinn für den heimatlichen Standort sowie der Aufbau und die wohltätige Unterstützung von sozialen Einrichtungen von Anfang an dazu. Die Familien Bertelsmann und Mohn haben im 19. und 20. Jahrhundert in ihrer Heimatstadt eine Schule, einen Kindergarten und eine Bibliothek gegründet und mit dem Aufbau von Betriebsrenten und Krankenversicherungen die sozialen Grundlagen unternehmerischer Verantwortung früh definiert.[61] Ein solches Erbe ist Anspruch und Ansporn zugleich.

In den Erzählungen meines Mannes war die Erinnerung an seine Eltern und Großeltern immer sehr lebendig. Das protestantische Denken seiner Vorfahren hat meinen Mann stark geprägt, vieles von dem, was er als Kind erfahren hatte, konnte und wollte er weiterführen. Doch die wechselvolle Geschichte des 20. Jahrhunderts, die Verheerungen, die der Nationalsozialismus und zwei Weltkriege über Deutschland brachten, hatten auch Bertelsmann schwer getroffen. Als mein Mann im Januar 1946 aus der amerikanischen

Kriegsgefangenschaft heimkehrte, lagen große Teile seiner Heimatstadt und des Verlagshauses in Trümmern. Sein ältester Bruder Heinrich war im Krieg gefallen, sein Vater schwer krank. Mein Mann war gerade mal fünfundzwanzig, und alle Last des Wiederaufbaus lag auf seinen Schultern. Doch so jung er war, so stand er doch in der Tradition unternehmerischer Verantwortung, und er nahm die Aufgabe, die ihm das Leben gestellt hatte, außerordentlich ernst.[62]

Aus unseren unzähligen Gesprächen, aber auch aus Hunderten von Notizen, die heute in unserem Unternehmensarchiv aufbewahrt werden,[63] weiß ich, dass er von Anfang an unablässig über seine unternehmerischen Aufgaben und Ziele nachdachte. Sosehr er einerseits die Tradition unternehmerischer Verantwortung bewahren wollte, so unkonventionell trieb er andererseits Ideen voran, die ihm für die Herausforderungen seiner Zeit und unserer modernen Gesellschaft notwendig erschienen. Bereits in den fünfziger Jahren entwickelte er gemeinsam mit seinem Vertriebsleiter Fritz Wixforth die Struktur für eine der weltweit größten Buch- und Vertriebsorganisationen, indem er Bücher über Katalog und Vertreter direkt zu den Menschen nach Hause brachte. Weitere Industrie- und Dienstleistungsbereiche kamen hinzu. Im Deutschland der Nachkriegszeit gehörte er zu den ersten Unternehmern, die bereits in den sechziger Jahren begannen, ins Ausland zu expandieren.

Mein Mann hat nie vergessen, wie schwer es in den Jahren des Aufbaus für ihn war, die Banken von der Notwendigkeit neuer Kredite zu überzeugen. Meine Kinder erinnern sich bis heute gut an Familienurlaube, bei denen ihr geliebter »Tata« ganz plötzlich wegfliegen musste – fast immer, weil es ein Problem mit den Banken gab und er die Herren dort von seinem Investitionsbedarf überzeugen musste. Das ungeheure Wachstum der Nachkriegsjahrzehnte hielt viele Herausforderungen für ihn bereit, schlaflose Nächte und immer neue überraschende Sorgen und Nöte. Er lief dann oft an den Wochenenden stundenlang durch die Natur, um wieder einen klaren Kopf zu bekommen, aber er sprach mir gegenüber auch aus, was ihn bedrückte.

An der Seite Reinhard Mohns habe ich gelernt, dass es auch in einem erfolgreichen Unternehmen Höhen und Tiefen gibt, dass Fehler gemacht werden, aber dass aus schwierigen Erfahrungen auch gelernt werden kann. So wie personelle Glücksfälle ein Gewinn für jedes Unternehmen sind, so müssen persönliche Enttäuschungen hingenommen und verkraftet werden.

Angesichts der Fülle stetig wachsender Aufgaben entschied mein Mann schon nach wenigen Jahren an der Unternehmensspitze, dass Verantwortung und Führungskompetenz von ihm allein nicht zu bewältigen waren. Wenn das Unternehmen weiter wachsen wollte, musste eine Führungsstruktur entwickelt werden, die dieser rasanten Expansion Rechnung trug. Verantwortung und Führungskompetenz sollten auf mehrere kreative Köpfe delegiert werden. Was sich heute wie ein Management-Leitfaden liest, war in Deutschland ein Novum, denn es bedeutete die Abkehr vom patriarchalischen Unternehmertum alten Typs. Es bedeutete nicht nur Machtverzicht für den Unternehmer selbst, auch die führenden Mitarbeiter sahen sich plötzlich einer Verantwortung gegenübergestellt, die sie so nicht kannten und die vielen erst einmal Angst machte.

Der Personalarbeit im Unternehmen wuchsen ungeahnte Aufgaben zu: Schulungen, Beratungen, zeitintensive Einzelgespräche und vieles mehr waren nötig, um die neue

Ära einzuläuten. Über Jahrzehnte konnte ich beobachten, wie sich mein Mann auch den schwierigsten Mitarbeiterdiskussionen stellte. Er ging keinem Konflikt aus dem Weg, denn es entsprach seiner festen Überzeugung, dass ein Unternehmen nur dann erfolgreich wachsen kann, wenn sich seine Mitarbeiter mit ihrer Aufgabe identifizieren können.

Als junger Mann hatte er gemeinsam mit knapp hundert Mitarbeitern aus der alten Bertelsmann-Belegschaft den Schutt und die Trümmer des Krieges weggeräumt, um die Produktion des Verlags überhaupt wieder in Gang zu setzen. Dieser gemeinsame Beginn in der Stunde der Not ist die Geburtsstunde seines Verständnisses von Partnerschaft gewesen. Von Gewerkschaften eher skeptisch beurteilt, von der Presse mitunter sogar als der »rote Mohn« bezeichnet, hat er unbeirrt an dem festgehalten, was er als Grundlage seiner Unternehmensführung verstand: Die Partnerschaft zwischen Arbeitgeber und Arbeitnehmern war ihm oberstes Gebot. Er wollte die Menschen überzeugen und seine Mitarbeiter immer an seiner Seite wissen.

Wie kreativ Mitarbeiter sind, wenn man ihnen Vertrauen schenkt, habe ich selbst unzählige Male erfahren dürfen. Wer sich mit den Zielen seines Unternehmens identifiziert, arbeitet ungleich motivierter und engagierter, als wenn er sich unverstanden fühlt und die Ziele seines Arbeitgebers nicht nachvollziehen kann. Der Unternehmenserfolg von Bertelsmann nach dem Zweiten Weltkrieg ist maßgeblich auf die von meinem Mann entwickelte Unternehmenskultur zurückzuführen.[64] Die von ihm erkannten, reflektierten und strukturell eingebundenen Kräfte der Motivation, Identifikation und Kreativität sind der Schlüssel unserer Erfolgsgeschichte.

Als internationales Medienunternehmen mit rund hunderttausend Mitarbeitern in mehr als fünfzig Ländern ist sich das Haus Bertelsmann seiner außerordentlichen wirtschaftlichen, gesellschaftspolitischen und menschlichen Verantwortung bewusst. In der weltweiten Vermittlung von Information, Bildung und Unterhaltung erbringen wir Leistungsbeiträge für die Gesellschaft und streben nach wirtschaftlichem Erfolg und Spitzenpositionen an den Märkten. Doch das Streben nach Kapitalvermehrung bleibt gekoppelt an unser Bekenntnis zu den Grundwerten unserer Unternehmenskultur. Was wir heute in den Bertelsmann Essentials[65] zusammengefasst finden, gehört zu den Koordinaten eines menschlichen Miteinanders. Der Wert der Partnerschaft basiert auf der Achtung des gegenseitigen Vertrauens und der Delegation von Verantwortung. Teilhabe an umfassender Information und eine Beteiligung der Mitarbeiter am wirtschaftlichen Erfolg des Unternehmens gehören selbstverständlich dazu.

Wir glauben an die Bedeutung von Identifikation und Motivation des Einzelnen für Kreativität, Wachstum und Effizienz des Ganzen. Wir appellieren an alle Mitarbeiter, die ihnen übertragene Verantwortung auszuschöpfen, um so tatkräftig wie selbstständige Unternehmer zu handeln. Dabei ist die Dezentralisation der Schlüssel zum Gelingen. Unsere einzelnen Firmen agieren mit dem größtmöglichen Freiraum. Die Dezentralisation ermöglicht eine außerordentlich hohe Flexibilität und marktorientierte Effizienz.

Zu dem unternehmerischen Freiraum gehört aber auch die Verpflichtung zur Kooperation mit den Interessen des Gesamtunternehmens. Wir versuchen weltweit, die besten Kreativen und die größten unternehmerischen Talente zu gewinnen. Deren beständige Förderung und Weiterentwicklung ist ein Beitrag zur Sicherung unserer Unternehmenskontinuität. Wir wollen eine Heimat für Kreative und Künstler sein und setzen uns weltweit für den Schutz des geistigen Eigentums ein. Unsere Programmarbeit garantiert pluralistische Meinungen und Einstellungen, wir respektieren die künstlerische und publizistische Freiheit. Wir setzen uns überall auf der Welt für Demokratie und Meinungsfreiheit ein, achten aber auch die Traditionen und Werte der Länder, in denen wir tätig sind.

Im Mittelpunkt unseres unternehmerischen Handelns steht immer der Kunde, für den wir unsere Produkte und Dienstleistungen entwickeln. In der Allianz von intensiver Kundenorientierung und ständiger Bereitschaft zur Innovation liegt unser Erfolg begründet. Bei aller Verschiedenartigkeit unserer Unternehmen sind das Bekenntnis zu Recht und Gesetz und der Wille zu höchsten ethischen Maßstäben, der Ablehnung von Diskriminierung und Belästigung am Arbeitsplatz ein essenzielles Gebot. Wir erwarten von unseren Mitarbeitern, dass sie sich sowohl gegenüber ihren Kollegen als auch gegenüber der Gemeinschaft und der Umwelt verantwortungsbewusst verhalten. Wir vertrauen darauf, dass unser publizistisches und unternehmerisches Engagement Ergebnisse zeigt, die der Allgemeinheit nützlich sind. Wir bekennen uns zu unserer besonderen Verpflichtung gegenüber der Gesellschaft.

Um die Unabhängigkeit und Kontinuität unseres Unternehmens zu sichern, bleibt die Bertelsmann Stiftung unser Hauptaktionär. Das Credo meines Mannes lautete immer: Eigentum verpflichtet. Um das zu gewährleisten, hat er 1977 die Bertelsmann Stiftung mit dem Ziel gegründet, dem nach seiner Auffassung in Deutschland dringend notwendigen Reformprozess frische Impulse zu geben. Seit Beginn der siebziger Jahre war er mit der Leistung des Staates in vielen Bereichen unzufrieden. Nach den Jahren des Wirtschaftswunders und des gesellschaftlichen Aufbruchs hatte in Deutschland eine gewisse Erstarrung eingesetzt, die er für gefährlich hielt. Seiner Auffassung nach konnte ein Gemeinwesen nur überlebensfähig bleiben, wenn sich seine Bürger mit den Zielen ihres Staates identifizieren konnten und aus dieser Übereinstimmung auch eine persönliche Verantwortungsbereitschaft für das Gemeinwohl entwickelten. Doch im Gegenzug wollten die Menschen die Beweggründe politischer Entscheidungen verstehen, das Handeln des Staates sollte transparent erscheinen. Unsere gesellschaftlichen Ziele und politischen Entscheidungen müssen dazu aber konsequent hinterfragt und in ihrer Ausrichtung mess- und bewertbar gemacht werden.

Eine Leistungsmessung, wie sie meinem Mann vorschwebte, setzte den Vergleich mit anderen Ländern und anderen Organisationen voraus. Die operativ tätige Bertelsmann Stiftung fördert mit ihren Projekten zu Politik, Wirtschaft und Gesellschaft die Weiterentwicklung unserer demokratischen Systeme und entwickelt so Modelle für den Wandel unserer gesellschaftlichen Strukturen und Institutionen.[66]

Nach seinem Tod im Oktober 2009 hat mir mein Mann eine große Verantwortung im Hause Bertelsmann übertragen, die ich seither mit großer Freude und Pflichtbewusstsein wahrnehme. Die vielfältigen Aufgaben sind nur mit unermüdlichem Einsatz, unbedingtem Rückhalt der Familie und mit loyalen Ratgebern zu bewältigen.

In der Bertelsmann Verwaltungsgesellschaft (BVG), die in der Hauptversammlung der Bertelsmann AG alle Stimmrechte kontrolliert, bin ich Geschäftsführerin und Sprecherin der Familie. Zu den Aufgaben dieses Gremiums gehört die Wahrnehmung der Interessen der Aktionäre Bertelsmann Stiftung und Familie Mohn sowie die Sicherung der Kontinuität und der Unternehmenskultur bei Bertelsmann. Dem Lenkungsausschuss gehören unter meiner Führung meine Kinder Brigitte und Christoph an, die mich großartig unterstützen. Beide verfolgen wie ich das Ziel, die Eigenständigkeit der Bertelsmann AG langfristig zu sichern. Darüber hinaus habe ich in der BVG drei erfahrene Managerpersönlichkeiten an meiner Seite, auf die ich mich jederzeit verlassen kann: Professor Dieter H. Vogel, Dr. Jürgen Strube und Dr. Werner J. Bauer. In diesem Gremium sind die Geschicke des Hauses Bertelsmann in guten Händen. Über meine Nachfolge als Familiensprecherin in der BVG werde ich zu einem späteren Zeitpunkt entscheiden.

1 Michail Gorbatschow, ehemaliger Präsident der Sowjetunion, zu Gast bei der Bertelsmann Stiftung (1992).

2 Liz und Reinhard Mohn mit dem Jerusalemer Bürgermeister Teddy Kollek (1993).

3 Bundespräsident Johannes Rau mit Frau Christina beim Festakt zum 25-jährigen Jubiläum der Bertelsmann Stiftung (2002).

4 Beim Salzburger Trilog mit dem österreichischen Bundeskanzler Dr. Wolfgang Schüssel (2005).

5 Kulturdialog der Bertelsmann Stiftung in Neu Delhi: Liz Mohn und Sonia Gandhi, Präsidentin der regierenden Kongresspartei Indiens (2005).

6 Niedersachsens Ministerpräsident Christian Wulff führt Gespräche in der Bertelsmann Stiftung (2006).

7 Liz Mohn mit dem ehemaligen US-Außenminister Dr. Henry Kissinger beim Global Policy Council in Berlin (2009).

8 Kofi Annan, vormals UN-Generalsekretär, überreicht Liz Mohn als erster Frau den Vernon A. Walters Award der Atlantik-Brücke e.V. (2008).

9 Botschafter für den Integrationswettbewerb »Alle Kids sind VIPs« der Bertelsmann Stiftung: mit Liz Mohn (Bildmitte), Dr. Gunter Thielen, Vorstandsvorsitzender der Bertelsmann Stiftung, und Staatsministerin Prof. Dr. Maria Böhmer (2008).

10 Wird von der Liz Mohn Kultur- und Musikstiftung gefördert: der Knabenchor Gütersloh mit seinem Künstlerischen Leiter Sigmund Bothmann (2007).

11 Zu Gast bei Gewinnern der Initiative »Integration durch Musik« der Liz Mohn Kultur- und Musikstiftung: Liz Mohn und Güterslohs Bürgermeisterin Maria Unger in der Kita »Die Lütken« (2009).

60er-Raster

12 Frauen als Führungskräfte stärken: Liz Mohn bei der Business Women School der Bertelsmann Stiftung auf Schloss Ziethen (2010).

13 Dr. Gunter Thielen, Vorstandsvorsitzender der Bertelsmann Stiftung, zu Gast bei der Business Women School; er unterstützt die Initiative von Liz Mohn (2010).

14 Handkuss von Star-Dirigent Herbert von Karajan beim 150-jährigen Firmenjubiläum der Bertelsmann AG in Gütersloh (1985).

15 Mit dem Münchener Regisseur und Intendanten August Everding als Juryvorsitzender beim Internationalen Gesangswettbewerb NEUE STIMMEN der Bertelsmann Stiftung (1995).

16 Liz Mohn und Gustav Kuhn, Künstlerischer Leiter des internationalen Gesangswettbewerbs NEUE STIMMEN, mit Sir Peter Ustinov (rechts), Ehrenvorsitzender der Jury (2001).

17 Dreimal Südkorea vorn: die Sieger der NEUEN STIMMEN 2009 (v. l.) Kihwan Sim, Eunju Kwon (Platz 1) und JunHo You mit Dominique Meyer (Bildmitte), Juryvorsitzender und designierter Intendant der Wiener Staatsoper (2009).

18 Die Ehefrau des damaligen deutschen Bundespräsidenten, Eva Luise Köhler, engagiert sich für die Stiftung Deutsche Schlaganfall-Hilfe (2008).

19 Max Ackermann als Kinderbotschafter der Stiftung Deutsche Schlaganfall-Hilfe bei der Pressekonferenz »15 Jahre gegen den Schlaganfall« (2008).

20 Reinhard und Liz Mohn im Foyer der Bertelsmann Stiftung (2008).

21 Bei der Eröffnung des Reinhard Mohn Instituts an der Universität Witten-Herdecke: Liz Mohn mit Sohn Christoph und Tochter Dr. Brigitte Mohn (2010).

22 Der erste Reinhard Mohn Preis: Bundeskanzlerin Angela Merkel hält die Festrede (2011).

Auch als Mitglied im Aufsichtsrat der Bertelsmann AG und insbesondere im Personalausschuss trage ich Sorge dafür, dass die partnerschaftliche Unternehmenskultur im Hause Bertelsmann Bestand hat. Denn bei vielen Besuchen in der Unternehmenswelt habe ich festgestellt: Firmen, die den partnerschaftlichen Dialog mit ihren Mitarbeitern suchen, den Führungskräften unternehmerischen Freiraum gewähren und alle am Unternehmenserfolg angemessen beteiligen, können sich auch im internationalen Wettbewerb behaupten. Daher ist es besonders wichtig, bei der Besetzung von Positionen im Management darauf zu achten, dass neue Führungskräfte zur Unternehmenskultur unseres Hauses passen. Der Aufsichtsrat ist mit exzellenten Managern großer Weltunternehmen besetzt und unterstützt und kontrolliert den Vorstand in vorbildlicher Weise. Ich bin sehr froh, dass mir auch in diesem Gremium meine Kinder Brigitte und Christoph zur Seite stehen und Verantwortung für die Bertelsmann AG tragen. Das operative Geschäft wird von einem sechsköpfigen Vorstand verantwortet.

Mit besonderer Freude setze ich die Tradition des gesellschaftlichen Engagements der Familien Bertelsmann und Mohn fort. Als stellvertretende Vorsitzende des Vorstands und des Kuratoriums kann ich die Strategie der gemeinnützigen Bertelsmann Stiftung ganz wesentlich mitgestalten. Meine Tochter Brigitte, die die Programme in den Bereich Gesundheitswesen und Zivilgesellschaft verantwortet, arbeitet engagiert im Vorstand mit. Auch mein Sohn Christoph trägt inzwischen als Kuratoriumsmitglied der Bertelsmann Stiftung und als Vorstandsvorsitzender der neu gegründeten Reinhard Mohn Stiftung gesellschaftliche Verantwortung.

In unserer Familie wird über die vielfältige internationale Arbeit unserer Stiftungen viel diskutiert. Wann immer es uns möglich ist, treffen wir uns sonntags zum gemeinsamen Familienessen. Lebhafte Diskussionen über unsere verschiedenen Aufgaben gehören da selbstverständlich dazu. Eine Trennung von Berufs- und Privatleben, wie sie in vielen Familien üblich ist, haben unsere Kinder nie kennengelernt. Die Verantwortung für ein Unternehmen wie Bertelsmann oder eine Stiftung unserer Größenordnung kann man nicht mit dem Wochentag abgeben.

Meine Aufgaben im Hause Bertelsmann vereinen eine Fülle von inhaltlichen Fragen, strategischen Herausforderungen und menschlichem Urteilsvermögen. Jeder, der Führungsaufgaben wahrnimmt, entwickelt im Lauf der Zeit seinen eigenen Stil. In meiner Arbeit für das Haus Bertelsmann habe ich gelernt, dass ohne strenge Disziplin mir selbst gegenüber dieses Arbeitspensum nicht zu leisten ist. Ich halte mich mit Schwimmen, Laufen und bewusster Ernährung fit. Und ich befinde mich in ständigem Austausch mit den Mitarbeitern, die verschiedene Projekte eigenverantwortlich leiten.

Ohne die Delegation von Verantwortung ist eine solche Aufgabenfülle nicht zu leisten. Ich schätze ein starkes, vitales Arbeitsumfeld, in dem Diskussionen offen und konstruktiv gestaltet werden können. Es ist keine Kunst, den Austausch mit Gleichgesinnten zu suchen, aber ungemein bereichernd, wenn andere Perspektiven zur Sprache kommen. Im Dialog mit unseren Führungskräften und Mitarbeitern höre ich mir die einzelnen Meinungen sehr genau an, ohne meine eigene Einschätzung sofort zu erkennen zu geben. Nur so kann ich darauf vertrauen, dass mir die Gesprächspartner offen und ehrlich begegnen und niemand mit seiner eigenen Ansicht hinter dem Berg hält.

Ein Arbeitsleben ohne Konflikte gibt es nicht. Im Lauf der Jahre habe ich gelernt, dass sachbezogene Konflikte gut zu lösen sind, wenn die unterschiedlichen Auffassungen offen zur Sprache kommen. Wichtig ist mir auch das Wissen, dass wir alle Fehler machen, aber dass wir aus diesen Fehlern lernen können. Fehler muss man verzeihen können. Ist etwas schiefgelaufen, kommt das Problem auf den Tisch. Danach kann man sich wieder offen in die Augen sehen und blockiert seine Kräfte nicht unnötig mit ungelösten Konflikten. Übrigens gilt diese Haltung nicht nur für ein Unternehmen, sie betrifft genauso das Leben mit einem Partner, die Beziehung zu Kindern und Freunden. Wenn man sein eigenes Leben kraftvoll gestalten will, muss man sich diesen Erfahrungen stellen.

Menschen zu führen ist eine große Herausforderung. Jeder von uns hat seinen eigenen Stil, seine eigenen Bedürfnisse und seine eigene Motivationsstruktur. Ein Mitarbeiter entscheidet letztlich selbst, was er tut und was er lässt, er entscheidet über das Wie, das Wann und das Womit. Dies gilt es zu erkennen, denn wer führen will, trägt die Verantwortung für die Leistung seiner Mitarbeiter.

Erfolgreiche Führung stellt den Menschen in den Mittelpunkt. Die direkte Kommunikation mit unseren Führungskräften, der Austausch mit unseren Mitarbeitern, die Diskussion mit Unternehmern, Experten und Wissenschaftlern nimmt in meinem Arbeitsalltag viel Raum ein. Dem partnerschaftlichen Austausch kommt dabei eine hohe Bedeutung zu. Die besten Ideen entstehen oft im Dialog. Je schwieriger anstehende Entscheidungen sind, umso mehr Zeit nehme ich mir für intensive beratende Gespräche und Überlegungen.

So gern ich in anderen Zusammenhängen auch einmal

spontan reagiere – in grundsätzlichen Fragen hat Spontaneität keinen Platz. Mir ist sehr wichtig, dass in den Debatten die unterschiedlichsten Auffassungen zu Wort kommen und die Festlegung auf die eine oder andere Seite nicht zu früh erfolgt. An der Seite meines Mannes habe ich gelernt, dass das Abwägen des Für und Wider, das ungestörte Nachdenken über mitunter schwierigste Sachverhalte zur Kernkompetenz unternehmerischer Verantwortung gehört. Hinter großen Erfolgen stehen lange Strecken harter Arbeit, mitunter schmerzhafte Entscheidungen, die viel Kraft kosten. Auch schlaflose Nächte gehören dazu. Wenn die Nerven vibrieren, wenn die Anspannung zu stark wird, muss man sich eine innere Atempause gönnen. Denn das Bewusstsein, wie viel Verantwortung auf mir lastet, verlässt mich nie. In einem Unternehmen unserer Größe gibt es kein Wochenende, keinen Urlaub und keinen Feiertag, an dem nicht zu jeder Stunde unvorhergesehene Ereignisse eintreten oder Entscheidungen anstehen können.

»Tu alles mit Rat, dann brauchst du nach der Tat nichts zu bereuen.«[67] Dieser Satz des heiligen Benedikt ist mir zu einem Lebensmotto geworden. Bisher bin ich gut damit gefahren. In mehr als vierzig arbeitsreichen Jahren habe ich oft erlebt, dass dem Prozess der Entscheidungsfindung höchste Priorität eingeräumt werden musste. Bei komplexen Entscheidungsprozessen, in die viele Komponenten hineinwirken, gibt es die eine richtige Entscheidung gar nicht. Oft bieten sich unterschiedliche Lösungswege an, zu denen jeweils Vor- wie auch Nachteile gehören.

Eine Reihe von Studien bestätigt inzwischen meine persönliche Erfahrung, dass unser Verstand allein nicht ausreicht, um Fehler zu vermeiden.[68] Das Gehirn des Menschen ist keine Rechenmaschine. Schon der Psychoanalytiker Sigmund Freud hat herausgefunden, dass das Unterbewusstsein großen Einfluss auf unsere Entscheidungen nimmt.

Mich interessieren diese Prozesse sehr, und ich suche oft das Gespräch mit führenden Hirnforschern. Die Wissenschaftler schätzen, dass das menschliche Bewusstsein, das vor allem in der linken Hirnhälfte arbeitet, in jeder Sekunde ungefähr vierzig Informationseinheiten verarbeiten kann. Das Unbewusste hingegen operiert im hinteren Bereich der rechten Hirnhälfte und bringt es pro Sekunde auf fünfzehn bis zwanzig Millionen Informationseinheiten. Bei dieser unvorstellbaren Fülle wundert es nicht, dass die Einschätzung des Unterbewusstseins diffus und detailarm bleibt. Doch wenn wir tatsächlich abwarten wollten, bis wir alle nur denkbaren Fakten zusammengetragen haben, würden wir wohl nie zu einem Ergebnis kommen.

Die moderne Hirnforschung hat herausgefunden, dass das Gehirn Erfahrungen, die der Mensch im Lauf seines Lebens gewonnen hat, sammelt und wie einen emotionalen Erfahrungsspeicher nutzt. Denn aus diesen Erfahrungen wächst unsere Fähigkeit, Fehler zu erkennen, daraus zu lernen und sie in Zukunft nach Möglichkeit zu vermeiden. Gerade wenn uns Führungsaufgaben vor kaum zu überblickende Wahlmöglichkeiten stellen, sendet der emotionale Erfahrungsspeicher Signale aus, die Entscheidungen vereinfachen können: die sogenannten somatischen Marker.[69] Die Hirnforschung hat ergeben, dass das emotionale Gehirn an rationalen Überlegungen genauso beteiligt ist wie das denkende Gehirn. Meine persönliche Erfahrung hat mich gelehrt, dass mein Bauchgefühl mir oft früh die Richtung einer Entscheidung weist, die der Abgleich von Informationen und Experteneinschätzungen erst sehr viel später bestätigt. Ich bin davon überzeugt, dass es richtig ist, seine Gefühle als Teil des persönlichen Erfahrungspotenzials in die eigene Entscheidungsfindung einzubeziehen. In vielen Situationen sollte man seinem Bauchgefühl vertrauen, sagte mir auch Gerd Gigerenzer, einer der renommiertesten Entscheidungsforscher und Direktor am Max-Planck-Institut für Bildungsforschung in Berlin.[70]

Natürlich reichen Gefühle nicht aus, um verantwortungsvoll Entscheidungen zu treffen. Nach den ersten intuitiven Wahrnehmungen muss der Verstand die Intuition hinsichtlich ihrer Bedeutung bewerten und im Blick auf die zu treffende Entscheidung gewichten. Eine hohe Präsenz, eine ständige Geistesgegenwart gehört für mich jedoch zur Schlüsselkompetenz verantwortlicher Führung. Denn in vielen Fällen erfolgt der Abgleich von Verstand und Unterbewusstsein verblüffend schnell. Wer dieses Erfahrungspotenzial bewusst handhabt und über lange Berufsjahre immer wieder erprobt, wird entscheidungsfreudiger, immer sicherer und kann mitunter sekundenschnell Bewertungen vornehmen. Für mich persönlich kann ich klar sagen, dass meine besten Entscheidungen immer die waren, bei denen Verstand und Gefühl zu demselben Ergebnis kamen.

Und doch gibt es mitunter Herausforderungen, wo alle Erfahrung nicht weiterhilft. Manchmal können wir beim besten Willen keine Lösung entwickeln, unsere Gedanken drehen sich im Kreis. Dieser Zustand kann lähmend sein, er kann Entscheidungen blockieren und unsere kreativen Kräfte schwächen. Ich habe gelernt, eine solche Situation schnellstmöglich aufzulösen, indem ich gezielt Expertenrat einhole und andere Meinungen einbeziehe.

Wer für Menschen Verantwortung übernimmt, muss sich deren Vertrauen erwerben. Dazu gehören eine persönliche Vorbildfunktion, ein offener Diskurs, Transparenz in der Entscheidungsfindung sowie das Benennen klarer Ziele. Vor allem ist es wichtig, das eigene Handeln kritisch zu hinterfragen. Ist das richtig, was ich mache? Oder gibt es einen anderen, vielleicht einen besseren Weg? Vor allen anderen habe ich mich selbst immer am meisten hinterfragt und unermüdlich den Dialog mit ausgewiesenen Experten gesucht.

Dabei bin ich mir der Bedeutung emotionaler Werte stets bewusst. Man muss die Menschen mitnehmen, auch und gerade, wenn schwierige Veränderungen anstehen. Mir persönlich sind Einzelgespräche sehr wichtig. Neben Sitzungen und Konferenzen nehme ich mir immer Zeit, um mit unseren Führungskräften Gespräche unter vier Augen zu führen. Das beschränkt sich nicht nur auf meine Arbeit als Mitglied des Vorstands und des Kuratoriums der Bertelsmann Stiftung oder meine Mandate im Aufsichtsrat und dem dortigen Personalausschuss der Bertelsmann AG. In Abstimmung mit unserem Personalchef halte ich immer auch Ausschau nach jungen Führungskräften und versuche herauszufinden, welches besondere Potenzial der Mitarbeiter in sich trägt. Mitunter lädt der Aufsichtsrat den Nachwuchs zu einem Abendessen ein. So geben wir den jungen Leuten die Chance, sich zu präsentieren. Wenn ich dann unterschiedliche Begabungen erkenne und hervorragendes Fachwissen sehe, erfüllt mich das mit großer Motivation und Freude.

Führungskräfte eines Unternehmens dürfen nie nur die wirtschaftlichen Ziele im Auge haben, sie müssen auch sensibel für die menschlichen Belange sein. Jeder Mitarbeiter ist ein Mosaikstein im Gesamtkunstwerk des Unternehmens. Wenn die Unternehmenskultur das gegenseitige Vertrauen fördert, setzt sie damit viel Einsatz und Kreativität frei. Wer aber das Gefühl hat, dass seine Arbeit nicht geschätzt wird, wer vielleicht Angst hat um seinen Arbeitsplatz, der verliert die Motivation, fühlt sich durch seine Angst blockiert und wird nie die Leistung erbringen wie ein Mitarbeiter, der sich behütet fühlt und motiviert ist, sein Bestes zu geben.

Zur Tradition unserer Unternehmenskultur gehört immer auch der Blick auf die Nachhaltigkeit unserer Bemühungen. Eine 175-jährige Unternehmensgeschichte kann nicht nur aus Höhenflügen bestehen. Da müssen Krisen bewältigt, Durststrecken überwunden, Fehler gemacht, manch Liebgewordenes über Bord geworfen und neue Wege erprobt werden. Wer etwas Neues wagen will, muss zwei Schritte in der Dunkelheit gehen. Manchmal sind es auch drei oder vier. Lernprozesse ohne Schrammen gibt es nicht. Von meinem Mann habe ich gelernt, dass die unermüdliche Suche nach neuen Wegen und Lösungen oft zu ganz überraschenden Ergebnissen führt. Er hat es in unvergleichlicher Weise verstanden, unkonventionelle Ideen mit der Tradition des Hauses Bertelsmann zu verbinden. Das wird auch in Zukunft mein Maßstab sein.

DIE ZUKUNFT DER UNTERNEHMENSKULTUR

Die Grundwerte unserer Unternehmenskultur, die sogenannten Bertelsmann Essentials[71], sind sowohl für Gesellschafter wie auch für Führungskräfte und Mitarbeiter verbindlich. Es sind vor allem die Werte der Partnerschaft, der unternehmerischen Freiheit, der Kreativität und der gesellschaftlichen Verantwortung, die unser Handeln leiten. »Schöne Lippenbekenntnisse«, mag da manch einer denken. Doch reine Lippenbekenntnisse wären kaum etwas wert. Der Sinn unserer Unternehmenskultur erwächst aus deren täglicher Umsetzung, aus einer Kultur des Miteinanders, die unser Alltagsgeschäft prägt und die das, was wir als Unternehmenskultur definieren, greifbar und handhabbar macht. Bei Bertelsmann wurden dafür über Jahrzehnte hinweg zahlreiche Instrumente entwickelt.

Ein besonderes Augenmerk unserer Unternehmenskultur liegt auf dem Dialog mit den Mitarbeitern. Nur: Wie können Sie in einen Dialog mit mehr als hunderttausend Menschen eintreten? Hierzu hat Bertelsmann das Instrument der Mitarbeiterbefragung entwickelt. Sie wurde bereits 1977 in Deutschland entwickelt und wird seit 2002 auch international umgesetzt. Alle vier Jahre können die Mitarbeiter so ein sehr detailliertes Urteil über ihre Vorgesetzten, ihr Arbeitsumfeld und ihre Firma abgeben. An der letzten Befragung im Jahr 2010 beteiligten sich rund 85 Prozent der Mitarbeiter weltweit, bei der Mitarbeiterbefragung 2006 lag die Beteiligungsquote gleich hoch.

Diese Zahlen bestätigen die außerordentlich hohe Akzeptanz dieses Instruments. Die Ergebnisse der Befragung sind ein wichtiger Indikator für den Zustand des Unternehmens und werden deshalb von unserem Management außerordentlich ernst genommen. Für ein partnerschaftliches Betriebsklima ist zudem der ständige Dialog zwischen Führungskraft und Mitarbeiter unverzichtbar. Das Gefühl persönlicher Wertschätzung ist ein wichtiger Motivationsfaktor. Auch für die persönliche Rückmeldung haben wir eine Reihe fest etablierter Gesprächsformate entwickelt. Diesem Dialog liegen verbindliche Leitsätze für die Führung[72] zugrunde. Jede Führungskraft bei Bertelsmann muss sich daran messen lassen. Gegenstand dieser Gespräche sind vor allem die persönliche und fachliche Weiterentwicklung der Mitarbeiter, aber auch Fragen der Gesundheitsförderung. Wir betrachten die Aus- und Weiterbildung unserer Führungskräfte als einen wichtigen Schlüssel zu unserer unternehmerischen Zukunft.

Ein weiterer wesentlicher Aspekt unserer partnerschaftlichen Unternehmensführung ist die Gewinnbeteiligung der Mitarbeiter. Identifikation mit dem Unternehmen setzt materielle Gerechtigkeit voraus. Gelebte Partnerschaft sollte sich deshalb in der Vergütung unmittelbar niederschlagen. Aus dieser Überzeugung heraus hatte mein Mann bereits 1970 das Modell der betrieblichen Gewinnbeteiligung bei Bertelsmann eingeführt und die Bertelsmann AG damit zu einem der Pioniere und wegweisenden Initiatoren der betrieblichen Gewinnbeteiligung in Deutschland gemacht.[73] In den letzten vierzig Jahren wurde dieses Modell ständig weiterentwickelt. Seit Einführung der Gewinnbeteiligung wurde insgesamt mehr als eine Milliarde Euro netto an die Mitarbeiter ausgeschüttet.[74] Diese Zahlen sprechen für sich. Ein reines Lippenbekenntnis zur Unternehmenskultur sähe anders aus.

Die hier aufgeführten Beispiele können nur einen kleinen Ausschnitt von dem zeigen, was zu unserem gelebten Unternehmensalltag gehört. Die von uns postulierten Werte stehen täglich auf dem Prüfstand. Sie sichern den Mitarbeitern die Teilhabe an Entscheidungsprozessen und nehmen so wesentlichen Einfluss auf die Zukunft des Unternehmens.

Doch ein Unternehmen besteht nicht nur aus hehren Zielen und Idealen. Ohne wirtschaftlichen Erfolg kann auch ein Haus wie Bertelsmann nicht überleben. Wie aber trägt die Unternehmenskultur zum Unternehmenserfolg bei? Was macht uns so sicher, dass unsere Unternehmenskultur nicht nur die richtigen Werte eines partnerschaftlichen Miteinanders verwirklichen kann, sondern auch ein wesentlicher Erfolgsfaktor für das Unternehmen ist?

Diese Frage beschäftigt Unternehmer weltweit. Es gibt viele Studien darüber. Bertelsmann selbst hat dazu eigene, sehr detaillierte und umfangreiche Untersuchungen in Auftrag gegeben, die sich auf präzises Datenmaterial stützen können. Unsere turnusmäßig durchgeführte Mitarbeiterbefragung liefert uns aussagekräftige Daten über die Einstellung der Mitarbeiter zu ihrem Arbeitsplatz. Wir erfahren, ob sich die Mitarbeiter mit ihren Aufgaben identifizieren können, ob sie zufrieden sind oder nicht. Gleichzeitig lassen sich die betrieblichen Rahmenbedingungen und das tatsächliche Mitarbeiterverhalten sehr genau verifizieren, zum Beispiel anhand von Kündigungsquoten oder den Krankmeldungen. Diese Daten kann man in Beziehung setzen zum wirtschaftlichen Erfolg der jeweiligen Firmen. Unsere darauf aufbauende Analyse zum Verhältnis von Unternehmenskultur und wirtschaftlichem Erfolg hat genau das getan und ist zu folgendem Ergebnissen gekommen:[75]

Eine ausgeprägte partnerschaftliche Führung geht einher mit der starken Identifikation der Mitarbeiter mit ihrer Aufgabe und ihrer Firma. Der Grad dieser Identifikation zeigt einen unmittelbaren Zusammenhang mit dem wirtschaftlichen Erfolg der jeweiligen Firma. Umgekehrt wirkt sich der wirtschaftliche Erfolg positiv auf die Kultur des Unternehmens aus.

Eine starke Mitarbeiteridentifikation fördert die Produktivität und Gesundheit der Beschäftigten. Der Grad der Unternehmenskultur zeigt sich an einem niedrigen Krankenstand und einer verhältnismäßig geringen Kündigungsquote. Wir haben Firmen mit gering ausgeprägter Unternehmenskultur mit solchen verglichen, die im Grad der praktizierten Unternehmenskultur zur Topgruppe gehören. Dieser Vergleich macht deutlich, dass in schlecht geführten Firmen eine um zwei Drittel höhere Kündigungsquote und eine doppelte Anzahl von Krankentagen vorliegen.

Die Unternehmenskultur wirkt sich positiv auf den wirtschaftlichen Erfolg aus. Motivierte und engagierte Mitarbeiter sind nicht nur in der Lage, kurzfristig für Erfolge zu sorgen. Die wirtschaftliche Bedeutung der Unternehmenskultur zeigt sich auch und gerade, wenn man die ökonomische Entwicklung eines Unternehmens über längere Zeit verfolgt. In der Gruppe der Firmen mit der ausgeprägtesten Unternehmenskultur liegt der Anteil der erfolgreichen Firmen doppelt so hoch wie bei den Firmen, die eine nur schwach ausgeprägte Unternehmenskultur haben. Zudem kann in dem untersuchten Zeitraum nachgewiesen werden, dass eine Verbesserung der Unternehmenskultur mit einem Anstieg des wirtschaftlichen Erfolgs einhergeht.

Nein, unser Eintreten für Unternehmenskultur ist mehr als ein Lippenbekenntnis. Es ist auch mehr als ein Soft Skill, ein »weicher Faktor«, den man vernachlässigen könnte. Die Unternehmenskultur bei Bertelsmann ist eine harte Erfolgsgröße.

Sehr viele Unternehmer halten die Unternehmenskultur für ein hübsches Pflänzchen, das man sich in Zeiten wirtschaftlicher Erfolge leisten kann, in Zeiten der Krise aber tunlichst rasch abstreifen sollte. Das Gegenteil ist der Fall. Gerade die Wirtschaftskrise der letzten Jahre hat gezeigt, was die Unternehmenskultur zu leisten vermag. Das Ausmaß der Wirtschaftskrise hat auch uns bei Bertelsmann überrascht. Die Einbrüche in allen Märkten zogen zahlreichen Firmen gleichsam den Boden unter den Füßen weg. Wie alle anderen Unternehmen auch, waren wir zu drastischen Sparmaßnahmen gezwungen. Viele Unternehmer und Manager berichteten mir sorgenvoll, dass sie so eine schwierige Phase noch nie erlebt hätten. Es war die schwerste Wirtschaftskrise seit achtzig Jahren. Worauf also sollten wir uns stützen, wenn so vieles zusammenbrach und das Planen immer schwerer wurde, weil niemand genau sagen konnte, was in sechs Monaten, in zehn Monaten, in zwei Jahren sein würde? Woher sollten wir unsere Entscheidungsgrundlagen nehmen, wenn alle im Trüben fischen? Woran sollten wir uns orientieren? Wenn ich meinen Verstand und mein Gefühl befrage, kann ich darauf nur eine Antwort geben: auf Werte. Und auf das Vertrauen in unsere gemeinsame Arbeit.

In der 175-jährigen Geschichte von Bertelsmann hat es zahlreiche Krisen gegeben. Das Unternehmen hat zwei Weltkriege überstanden. Die Ölkrise in den siebziger Jahren und die Weltwirtschaftskrise, die Ende der achtziger Jahre in Amerika begann und Deutschland Anfang der neunziger Jahre erreichte,[76] stellten uns vor große Herausforderungen. Auch der Zusammenbruch der New Economy Anfang dieses Jahrtausends hat uns viel Lehrgeld gekostet. Und doch waren all unsere Bemühungen immer auf die Zukunft gerichtet. Die Werte der Unternehmenskultur haben wir dabei nie aus den Augen verloren. Sie sind der Garant für unsere Stabilität und Zuversicht.

Bei Bertelsmann bürgt eine klare Eigentümerstruktur für Kontinuität und Verlässlichkeit. Unser Management, aber auch unsere Mitarbeiter wissen genau, für welche Werte ihre Gesellschafter stehen. Die Mitarbeiter wissen, dass die Eigentümer die langfristige Entwicklung und Zukunftssicherung des Unternehmens im Blick haben und sich nicht durch kurzfristige Renditeerwartungen zu vorschnellen Entscheidungen hinreißen lassen. Bertelsmann ist unabhängig und kann selbstbestimmt agieren. Auch das verschafft dem Management höhere Freiheitsgrade. Es ist kein Geheimnis, dass Bertelsmann vor wenigen Jahren für 4,5 Milliarden Euro 25 Prozent der Aktien zurückgekauft hat, die zuvor der belgischen Groupe Bruxelles Lambert (GBL) gehörten. Ich möchte hier ohne Umschweife sagen: Meine Familie und ich sind keine Gegner der Börse. Aber wir sind große Anhänger von Selbstbestimmtheit.

Selbstverständlich werden in jedem Unternehmen, sei es nun an der Börse notiert oder in privater Hand, gute und schlechte Entscheidungen gefällt. Aber die Wahrscheinlichkeit, dass die Unternehmensführung zugunsten der Kontinuität entscheidet und die Unternehmensziele am Wohl der Mitarbeiter ausrichtet, ist ungleich höher, wenn verantwortungsbewusste Eigentümer die Strategie bestimmen. Das hat sich international erwiesen. Gerade die jüngste Krise hat uns gezeigt, dass Bertelsmann auch dann gut gerüstet ist, wenn das Weltwirtschaftsklima in raue See gerät. Es sind unsere Werte, die Bertelsmann zu einem berechenbaren und verlässlichen Partner machen. Unsere Mitarbeiter, aber auch unsere Kunden, unsere Geschäftspartner und die Gesellschaft im Ganzen wissen, dass sie sich auf Bertelsmann verlassen können. Diese Zuverlässigkeit auch in schwierigen Phasen schafft das so bitter nötige Vertrauen, das in heutigen Zeiten zu einem kostbaren Gut geworden ist. Ich bin davon überzeugt, dass ein solches Werteverständnis, wie wir es alltäglich praktizieren, auch für unsere Gesellschaft, für die Politik und für andere Wirtschaftsunternehmen Vorbildcharakter haben kann.

DIE ZUKUNFT GEHT UNS ALLE AN

EINE DEMOKRATIE OHNE WERTE UND VERTRAUEN GIBT ES NICHT

In einer tiefenpsychologisch angelegten Untersuchung der Bertelsmann Stiftung zum Jahreswechsel 2010[77] wurde deutlich, wie skeptisch viele Deutsche in die Zukunft blicken. 70 Prozent der repräsentativ Befragten haben nach dem Krisenjahr 2008/2009 ihr Vertrauen in zahlreiche Institutionen, Entscheider und Verantwortungsträger verloren. Auch die sozialen Sicherungssysteme werden skeptisch betrachtet. Fast jeder Zweite wünscht sich mittlerweile einen »Systemwechsel« in Bezug auf unsere repräsentative Demokratie und Marktwirtschaft.

Das sind alarmierende Ergebnisse. Viele Mitbürger sind resigniert und haben nur noch wenig Vertrauen in die weitere Entwicklung Deutschlands und unsere künftigen Lebensumstände.

Als Ursache für diesen immensen Vertrauensverlust werden zunächst eindeutig die jüngeren Entwicklungen des internationalen Finanzmarkts und der Politik in Deutschland genannt. Im historischen Gesamtblick wird jedoch deutlich, dass der Vertrauensverlust nicht allein Ausdruck der aktuellen Krise ist, sondern sich als Ergebnis einer lange unterschätzten Entwicklung offenbart. Zu den wertschöpfenden Formen des gesellschaftlichen Miteinanders zählen die Befragten das in den sechziger und siebziger Jahren geprägte Lebensgefühl, das sich am ehesten mit »Wohlstand durch Wachstum« bezeichnen lässt. Kompetenz und Glaubwürdigkeit der gesellschaftlichen Entscheidungsträger wird rückblickend für diese Zeit höher bewertet als in der Gegenwart. Mit den neunziger Jahren verbinden die Befragten zunehmend die Förderung der Leistungseliten und eine vom Bürger entkoppelte Interessenvertretung. Die dadurch einsetzende soziale Ungerechtigkeit sei als Folge der Globalisierung viel zu lange schleichend hingenommen worden.

Mit der Gegenwart verbinden die Befragten auch falsche Versprechungen durch Wirtschaft und Politik. Ein profitgetriebener Raubbau an Mensch und Umwelt kennzeichne unsere Zeit, ein ungezügelter Egoismus triumphiere über gemeinschaftliche Werte und Ziele.

Alles in allem markieren die Erfahrungen der jüngsten Wirtschaftskrise einen Tiefpunkt, viele Bürger blicken kritisch in die Zukunft. Den gegenwärtigen Entscheidungsträgern in Politik und Wirtschaft werden vorwiegend Lobbyismus und Gier, aber auch die Abkopplung von der Wirklichkeit vorgeworfen. Angeprangert wird der unzureichende Abbau bürokratischer Hürden und das starre Festhalten an Althergebrachtem.

Für die nächsten Jahre erhoffen sich die Befragten eine Rückbesinnung auf eine garantierte Grundsicherung für alle Menschen. Doch die Hoffnungen sind vage, die Stimmung in unserem Land offenbart eine immer größer werdende soziale Kluft. Das sollte uns alarmieren. Deutschland war einmal ein Land des Aufstiegs. Dass alle Menschen hier, unabhängig von ihrer sozialen Herkunft, mehr Bildung, mehr Wohlstand und mehr Anerkennung erlangen können, gehörte zu den großen Versprechen der Nachkriegszeit. Die Idee, dass der soziale Aufstieg für alle möglich sei, wurde zum Motor des westdeutschen

Lebensgefühls. Die bürgerliche Mitte der Gesellschaft war durchlässig geworden. Der Blick der bundesdeutschen Gesellschaft orientierte sich über Jahrzehnte nach oben. Immer besser sollte es werden, und es wurde ja auch immer besser – für eine lange Zeit.

Von diesem Optimismus, der unsere Gesellschaft lange getragen hat, ist heute nichts mehr zu spüren. Das soziale Klima ist rauer geworden. Die gemeinsame Hoffnung, es möge uns allen besser und besser gehen, ist zerbrochen. Die veränderten Wirtschaftsbedingungen der Globalisierung bringen Gewinner und Verlierer hervor, die Gesellschaft fällt auseinander.

Untersuchungen belegen, dass Menschen, die in einem sozial benachteiligten Elternhaus aufwachsen, sehr schlechte Chancen haben, für ihr eigenes Leben bessere Lebensbedingungen zu erreichen.[78] Die Bertelsmann Stiftung hat in zahlreichen Studien auf die Schwächen des deutschen Bildungssystems hingewiesen, das die Kinder aus sozial schwachen Familien nicht genügend fördert. Wenn es Deutschland gelingen soll, die sozialen Herausforderungen zu bewältigen, muss es auf Nachhaltigkeit setzen und entschiedener als bisher in sein Bildungssystem und die Qualifizierung der Menschen investieren. Bildung ist die einzige Ressource, auf die wir in unserem rohstoffarmen Land unsere Zukunft bauen können.[79]

Seit vielen Jahren hat die Bertelsmann Stiftung auf die unterschätzte Herausforderung der Integration ausländischer Mitbürger hingewiesen, wie auch auf die steigenden Einkommensunterschiede in der Bevölkerung als soziale Konfliktfelder. Soziale Grenzen zu überwinden oder gar aufzusteigen, ist für die Menschen in diesem Land sehr viel schwieriger geworden. Viele glauben, dass es schon ihren eigenen Kindern nicht mehr möglich sein wird, den Lebensstandard zu halten, den die Eltern geschaffen haben. Der Kampf um den eigenen Status fördert eine neue Ellenbogenmentalität, die unsere Gesellschaft immer mehr auseinanderdriften lässt.

Repräsentative Umfragen belegen, dass es längst mehr Menschen gibt, die ihren gesellschaftlichen Status verlieren, als solche, die an Status dazugewinnen.[80] Diese Entwicklung ist gefährlich. Wenn die Chancen des Aufstiegs und die Risiken des Abstiegs sich nicht mehr entsprechen, verliert unsere Leistungsgesellschaft ihre soziale Balance. Wer mit seiner Arbeit nichts gewinnen kann, verliert die Motivation. In der Konsequenz bedeutet das eine Minderung der Leistungskraft und schließlich auch eine Minderung des Wohlstands.

Die Bürger unseres Landes haben jahrzehntelang einem Lebensmodell vertraut, das sich aus den Bausteinen lernen, wenn möglich studieren, arbeiten, aufsteigen, Familie gründen, ein Haus bauen zusammensetzte. Doch die Realität sieht heute anders aus. Eine aktuelle Arbeitsmarktstudie, die die Bertelsmann Stiftung gemeinsam mit dem Forschungsinstitut zur Zukunft der Arbeit (IZA) im Januar 2010 veröffentlicht hat, belegt, dass die traditionellen Beschäftigungsverhältnisse in Deutschland seit dem Jahr 2001 im internationalen Vergleich stark zurückgegangen sind.[81] Während in Deutschland in der Industrie traditionelle Beschäftigungsformen nach wie vor dominieren, gehen diese im Dienstleistungssektor immer weiter zurück. 53,2 Prozent der Arbeitnehmer in Deutschland, also nur gut jeder zweite, sind unbefristet und in Vollzeit erwerbstätig. Keine Frage: Mit dem Abbau traditioneller Beschäftigungsformen reagiert die deutsche Wirtschaft auf gestiegene Flexibilitätsanforderungen und realisiert die von der Politik geschaffenen Möglichkeiten, alternative Beschäftigungsarten zu nutzen. Die sozialen Folgen einer solchen Entwicklung sind jedoch noch gar nicht abzusehen. Deutsche Erwerbsbiografien sind brüchig geworden. Wie sollen junge Menschen ihr Leben planen, wie eine Partnerschaft beginnen, eine Familie gründen, wenn Arbeitsverhältnisse über Jahre hin nur befristet vergeben werden? Hinzu kommt, dass der Rückgang der traditionellen Beschäftigungsverhältnisse in Deutschland keineswegs geschlechtsneutral ist. Der Anteil der Frauen, die sich in einem normalen Arbeitsverhältnis befinden, sank zwischen 2001 und 2008 von 48 Prozent auf rund 43 Prozent. Damit hat Deutschland nach den Niederlanden und der Schweiz den drittniedrigsten Wert unter achtundzwanzig untersuchten OECD-Staaten. Der Vergleich zeigt auch, dass das Normalarbeitsverhältnis bei Frauen stärker zurückgegangen ist als bei Männern.

Die Zunahme der Beschäftigung bei Frauen wurde vor allem über Teilzeitarbeit erzielt. Instabile Beschäftigungsverhältnisse bedeuten aber auch instabile Lebensverhältnisse für viele Mitbürger. Sie schwächen eine Gesellschaft, sie schwächen das Engagement des Einzelnen für soziale Belange, sie schwächen die Kraft einer ganzen Generation für den Aufbau und Zusammenhalt von Familien, und sie schwächen die sozialverbindlichen Werte, die noch immer das Fundament einer freiheitlich demokratischen Gesellschaft bilden. Eine Demokratie ohne gemeinsame Werte und menschliche Grundüberzeugungen ist jedoch nicht überlebensfähig.[82] Hier sind Politik und Wirtschaft gefordert. Instabile Beschäftigungsverhältnisse sind nicht allein ein ökonomischer Faktor. Sie ziehen politische Probleme nach sich. Ich appelliere deshalb an alle Unternehmen, sich ihrer gesellschaftlichen Verantwortung bewusst zu sein. Die Erfahrungen bei Bertelsmann sind uns Anlass zur Hoffnung, dass die Unternehmenskultur durchaus zu einer Keimzelle eines neuen Wertefundaments in unserer Gesellschaft werden kann. Werte wie Respekt vor dem anderen, Partnerschaft und gegenseitiges Vertrauen kann man bereits im Kindergarten lernen.[83]

Eine zukunftsfähige Gesellschaft geht uns alle an! Jeder, der Verantwortung trägt oder übernehmen möchte, ist hier gefordert. Je länger wir schweigen, umso starrer wird unsere Gesellschaft. Wir alle müssen Farbe bekennen und unsere Werte zum Ausdruck bringen. Nur im offenen Dialog, nur über gesellschaftsverbindende Werte kann unsere demokratische Gemeinschaft ihre Kraft und Zuversicht zurückgewinnen.

Im November 2009 veröffentlichte die Bertelsmann Stiftung eine Studie, aus der deutlich hervorgeht, dass die Wirtschaftskrise Spuren im Bewusstsein der Deutschen hinterlassen hat. Danach sind persönliche Beziehungen, Ehe, Familie, Partner und Freunde für viele Menschen durch die Wirtschaftskrise wieder wichtiger geworden.[84] Auch die Suche nach Sinn und Orientierung wird intensiver. Gleichzeitig wünschen sich die Menschen materielle Sicherheit. Eine große Mehrheit der Deutschen wünscht sich als Konsequenz aus der Krise einen stärkeren Ausgleich zwischen Arm und Reich, mehr Solidarität zwischen Jungen und Alten und eine bessere Integration von Zuwanderern. Trotzdem bezweifeln die meisten der Befragten, dass die Krise den gesellschaftlichen Zusammenhalt tatsächlich befördern oder die Unternehmen zum Umdenken zwingen wird. Nur jeder Dritte glaubt, dass sich die Wirtschaft künftig mehr an langfristiger Wohlstandssicherung als an kurzfristigen Gewinnen orientieren wird. Trotz aller Skepsis: Als Konsequenz aus der Krise wünscht sich eine übergroße Mehrheit der Deutschen einen stärkeren gesellschaftlichen Zusammenhalt. Dieser Wunsch sollte unser Wegweiser in die Zukunft sein!

Die Art, wie wir Menschen heute leben und wirtschaften, bringt unsere natürlichen Lebensgrundlagen in Gefahr. Sie gefährdet auch den internationalen Zusammenhalt und das Vertrauen in Wirtschaft und Politik weltweit. Die Krise zeigt, dass wir langfristige Strategien brauchen, um die Lebensqualität für uns und für künftige Generationen zu bewahren und zu verbessern. Wir alle müssen uns für mehr Nachhaltigkeit einsetzen. 49 Prozent der Menschen in Deutschland glauben, dass die Wirtschaftskrise uns zur ökologischen Neuorientierung zwingt. Die Politik sollte dieses Potenzial zur Solidarität in sozialen und ökologischen Fragen nutzen.

Jeder von uns kann mit seiner persönlichen Haltung und seinen gelebten Überzeugungen zum Vorbild für andere werden. Jeder Dialog ist eine Brücke über die soziale Erstarrung hinweg. Wir dürfen nicht zulassen, dass wir uns selbst verloren gehen. Jeder kann einen persönlichen Beitrag dazu leisten, dass es bald wieder aufwärtsgeht. Auch im internationalen Austausch muss Deutschland glaubwürdig bleiben. Verlässlichkeit schafft Vertrauen. Der Weg von Bertelsmann hat bewiesen, dass dieses Vertrauen auch ein wirtschaftlicher Erfolgsfaktor sein kann.

ZUR GESELLSCHAFTLICHEN VERANTWORTUNG VON UNTERNEHMEN

Unternehmen sind ein Teil unserer Gesellschaft. Ohne ein funktionierendes gesellschaftliches Umfeld kann ein Unternehmen wirtschaftlich nicht bestehen. Der Wohlstand einzelner Nationen erwächst aus den Erfolgen wettbewerbsfähiger Unternehmen. Doch die nationalstaatliche Sicherung von Unternehmen ist mit der Globalisierung und der weltweiten ökonomischen Vernetzung an ihre Grenzen geraten. Die alten Mechanismen funktionieren nicht mehr. Weltweit gibt es deshalb eine Diskussion um die »Corporate Social Responsibility«, die Verantwortung großer Unternehmen für die Gesellschaft. Aber auch mittlere und kleinere Unternehmen können sich den Fragen nach ihrer Verantwortung nicht länger entziehen.[85]

Was aber bedeutet diese gesellschaftliche Verantwortung, wie ist sie wahrzunehmen? Der Beitrag eines Unternehmens für das Funktionieren einer Gesellschaft liegt in seinem freiwilligen unternehmerischen Handeln über die gesetzlichen Vorschriften hinaus. Ein Unternehmen beweist seine Verantwortung in der Organisation seiner Wertschöpfungsprozesse unter ökologischen und sozialen Aspekten und in seinem Engagement für die Gestaltung seines gesellschaftlichen Umfelds.

Dabei ist die gesellschaftliche Verantwortung eines Unternehmens keine Einbahnstraße, denn sowohl das Unternehmen als auch die Gesellschaft profitieren davon:

Gute Arbeitsbedingungen fördern die Motivation von Mitarbeitern.

Die verantwortungsvolle Nutzung der Ressourcen führt zu nachhaltiger Unternehmenssicherung.

Eine gute Infrastruktur sichert langfristige Wettbewerbsfähigkeit.

Faire Praktiken in der Lieferkette fördern Vertrauen und stärken die Lebens- und Arbeitsbedingungen in Entwicklungs- und Schwellenländern.

Das Engagement für soziale und kulturelle Initiativen fördert Ansehen und Vertrauen in unternehmerisches Handeln.

Selbstverständlich kann unternehmerisches Handeln das politische Handeln nicht ersetzen, es kann die Politik aber sinnvoll ergänzen. Dabei ist es interessant zu wissen, dass acht der zehn reichsten Staaten der Welt – gemessen an ihrem Bruttosozialprodukt – funktionierende Demokratien sind.[86] Alle hierzu vorliegenden Untersuchungen weisen darauf hin, dass Länder mit einer funktionierenden Demokratie eine höhere Wirtschaftsleistung erbringen, eine bessere Infrastruktur besitzen und ihren Bürgern ein höheres Maß an innerer und äußerer Sicherheit bieten als nichtdemokratische Staaten.[87] Wenn unsere Gesellschaft zukunftsfähig sein will, muss die Verantwortung zwischen den Bereichen Politik, Wirtschaft und Gesellschaft deshalb neu verteilt werden. Der stetige Reformdruck auf unsere Sozial- und Bildungssysteme kann ohne die Einbindung aller Akteure und ohne enge Kooperation zwischen den gesellschaftlichen Verantwortungsträgern gar nicht bewältigt werden. Entscheidungsprozesse und Handlungslogiken der einzelnen Akteure mögen sich unterscheiden, doch gemeinschaftsstiftende Werte wie Nachhaltigkeit und soziale Verantwortung, Bildungsförderung und Familienfreundlichkeit sollten allen Beteiligten die nötige Zielorientierung vermitteln.

Die Bertelsmann Stiftung engagiert sich hier sowohl auf lokaler als auch auf regionaler und internationaler Ebene. Auf lokaler Ebene versuchen wir, Kooperationen zwischen gemeinnützigen Organisationen und Wirtschaftsunternehmen zu initiieren. Auf regionaler Ebene fördern wir die Vernetzung von Unternehmen, Politik und Gesellschaft, um für drängende regionale Probleme, etwa Standortfragen, Fachkräftemangel, sozialen Zusammenhalt oder ökologische Herausforderungen gemeinsam Lösungsansätze zu entwickeln. Unterstützt werden die Regionen durch einen bundesweiten Initiativkreis, der sich aus bekannten Unternehmern zusammensetzt, welche die Übernahme gesellschaftlicher Verantwortung als unverzichtbaren Bestandteil ihres wirtschaftlichen Handelns erkannt haben.

Viele Unternehmen sind heute in verschiedenen Ländern tätig und unterhalten Produktionsstätten auf der ganzen Welt. Über Kontinente hinweg müssen die Arbeit mit Zuliefererbetrieben organisiert und der Verkauf der Produkte auf dem Weltmarkt geleistet werden. International tätige Unternehmen werden mit allen Problemen konfrontiert, die in den Entwicklungs- und Schwellenländern offen zutage treten. Armut, mangelnde medizinische Versorgung und Bildungsdefizite gehören zum Alltag. Gerade weil in diesen Ländern die staatlichen Institutionen oft überfordert sind, wächst den Global Playern hier eine besondere Aufgabe zu. Die gesellschaftliche Verantwortungsbereitschaft von Unternehmen entscheidet maßgeblich über die faire Gestaltung der Globalisierung. Der Nutzen liegt jedoch nicht allein in der Sicherung des jeweiligen Marktes: Die Balance von Arm und Reich und die langfristige Friedenssicherung in einer globalisierten Welt können von den Unternehmen tatkräftig mitgestaltet werden.

Was in der regionalen, aber auch in der internationalen Praxis bereits erste ermutigende Erfolge zeigt, hinkt als Thema der universitären Lehre in Deutschland im Gegensatz zu anderen Ländern der Realität hinterher. Dies ist umso bedauerlicher, als die effiziente und effektive Umsetzung von Unternehmensprojekten zur Corporate Social Responsibility große Anforderungen an das verantwortliche Management stellt. Spezifische Fachkenntnisse sind dafür unentbehrlich. Deshalb ist ein verstärktes Engagement in Lehre und Forschung besonders wichtig. Die Studierenden von heute sind die Zukunftsträger unserer Gesellschaft. Die Bertelsmann Stiftung hat aus diesem Grund eine Reihe von Pilotseminaren an verschiedenen deutschen Universitäten gestartet, um Studenten der Betriebs- und Volkswirtschaftslehre für das Thema Corporate Social Responsibility zu sensibilisieren.[88] Beispiele aus der Praxis sollen verdeutlichen, welche Möglichkeiten sich für das gesellschaftliche Engagement von Unternehmen bieten und dass in der Wirtschafts- und Unternehmensethik ein Schlüssel für die Zukunftsfähigkeit unserer Gesellschaft liegen kann.

DIE VEREINBARKEIT VON FAMILIE UND BERUF

Auf meinen vielen Reisen habe ich immer wieder feststellen können, dass Frauen im Ausland der Spagat zwischen Familie und Beruf mitunter besser gelingt als in Deutschland. Für engagierte Frauen in Frankreich beispielsweise ist es überhaupt keine Frage, dass Beruf und Familie vereinbar sind. Deutschland hinkt im internationalen Vergleich deutlich hinterher.

In unserer bundesdeutschen Gesellschaft gehört die bessere Vereinbarkeit von Familie und Beruf zu den großen Herausforderungen der nächsten Jahrzehnte. Politik und Wirtschaft sind gleichermaßen aufgerufen, die Bedingungen für eine Work-Life-Balance zu verbessern.[89] Der demografische Wandel und die steigende Zahl von Singlehaushalten sind ein Kennzeichen der heutigen Realität.[90] Im Bundesdurchschnitt wird inzwischen jede dritte Ehe geschieden, in Großstädten ist es sogar jede zweite. Die Geburtenrate liegt bei 1,35 Kindern pro Frau. In kaum einem anderen Land werden so wenig Kinder geboren wie bei uns. Deutschland ist das Land mit dem höchsten Anteil kinderloser Paare. Etwa ein Drittel der Bevölkerung bleibt kinderlos, die Zahl der Frauen im gebärfähigen Alter nimmt stetig ab. Eine Familie mit mehreren Kindern wird immer mehr zur Ausnahme. Jedes dritte Kind unter fünf Jahren hat heute keine Geschwister. Des Weiteren gilt: Die Kinderzahl sinkt mit dem zunehmenden Bildungsgrad der Eltern.

Für den Standort Deutschland wie für den Standort Europa ist diese Entwicklung alarmierend. Denn wir stehen nicht nur vor den Herausforderungen einer zunehmend kinderlosen, sondern auch einer zunehmend überalterten Gesellschaft. Der demografische Wandel ist in vollem Gange, ohne Kinder hat unsere Gesellschaft keine Zukunft. Vor dem Hintergrund der weltweiten Globalisierung wird Familienfreundlichkeit deshalb zu einem nicht zu unterschätzenden Standortfaktor für deutsche und europäische Unternehmen.

Doch noch immer nimmt der Wunsch nach Kindern besonders bei Männern weiter ab. Im Gegensatz zur demografischen Entwicklung bekunden laut der 15. Shell-Jugendstudie von 2006 mehr als 70 Prozent der befragten Jugendlichen, dass man eine Familie braucht, um glücklich leben zu können.[91] Und noch immer wachsen 85 Prozent der Kinder in Deutschland in einer Familie auf.[92]

Keine Frage: Unsere Gesellschaft ist von Widersprüchen gekennzeichnet, und bis heute ist es uns nicht gelungen, diese Widersprüche aufzulösen und den einen Weg zu finden, der alle Anforderungen und Lebenswünsche in sich vereinen könnte. Es ist jedoch äußerst hilfreich, die Beispiele anderer Länder zu Rate zu ziehen. Die Modelle aus Skandinavien und Frankreich beweisen, dass es durchaus Wege gibt, die demografische Entwicklung positiv zu beeinflussen. Die konsequente Förderung der Familien und der Vereinbarkeit von Familie und Beruf führt nachweislich zu konstanten oder sogar steigenden Geburtenzahlen. Doch wie die Lösungen auch immer aussehen mögen, unentbehrlich ist eine ganzheitliche Betrachtung aus unterschiedlichen Perspektiven. Im Vordergrund sollte dabei die Suche nach konkreten Verbesserungen für die

Situation der Eltern in der modernen Arbeitswelt stehen. Zum einen sollte der Frage nachgegangen werden, was der Staat konkret für Mütter, Väter und Kinder tun kann. Zum anderen gilt es dabei aber auch, den Rahmen zu definieren, innerhalb dessen sich der Staat und die Unternehmen für Familien engagieren sollen. Es liegt mir sehr am Herzen, hier Ideen und Initiativen anzustoßen, die uns Auswege aus dem deutschen Dilemma aufzeigen können.

Die Bertelsmann Stiftung hat dazu 2007 in Berlin ein Symposium veranstaltet, das die Vereinbarkeit von Familie und Beruf im europäischen Vergleich[93] diskutierte. Wir haben dabei den Blick gezielt über die Grenzen hinaus gerichtet, markante Entwicklungen in den europäischen Ländern der OECD aufgezeigt und aktuelle Forschungsergebnisse präsentiert. Darüber hinaus wurden erfolgreiche Praxisbeispiele aus der Wirtschaft vorgestellt, die deutlich machen, dass eine Vereinbarkeit von Familie und Beruf durchaus möglich ist, wenn Unternehmen den Mut zeigen, hier mit eigenen Beispielen voranzugehen.

Auch wir bei Bertelsmann sind uns darüber im Klaren, dass eine familienbewusste Personalpolitik fester Bestandteil unserer partnerschaftlichen Unternehmenskultur sein muss. Es ist illusorisch zu glauben, Privat- und Berufsleben seien heute strikt zu trennen. Mitarbeiter kommen von zu Hause mit Problemen in die Firma, und umgekehrt nehmen Mitarbeiter auch Probleme aus der Firma mit in ihr familiäres Umfeld. Die Work-Life-Balance gehört einfach zu einer partnerschaftlichen Unternehmenskultur. Die Bertelsmann Stiftung weiß aus zahlreichen Studien, dass Frauen mit Teilzeitjobs seltener krank sind als Frauen, die sich nur um den Haushalt kümmern. Die Vereinbarkeit von Familie und Beruf fördert damit auch das Selbstbewusstsein und ist so eine gute Voraussetzung für gesunde und motivierte Mitarbeiter und Mitarbeiterinnen.[94]

Um die Vereinbarkeit von Familie und Beruf zu fördern, haben wir in den letzten Jahren an verschiedenen Standorten zahlreiche Angebote eingeführt, von denen ich hier einige Beispiele herausgreifen möchte:

- eine Bandbreite von Arbeitszeitmodellen
- Kindergartenplätze für Kinder unter drei Jahren
- einen Familienservice bei Notfällen
- Eltern-Kind-Zimmer in Betreuungsnotfällen
- Ferienprogramme zur Entlastung der Eltern.

Wir wissen, dass Erfolge im Arbeitsleben auch privat beflügeln – andererseits schöpft man aus der Familie Kraft für die Arbeit. Ich bin davon überzeugt, dass die Bertelsmann-Unternehmenskultur für viele unserer Mitarbeiter und Mitarbeiterinnen durch die Gewährung von Freiräumen, durch die Delegation von Verantwortung, durch die Möglichkeit zum selbstorganisierten und selbstbestimmten Arbeiten sowie durch Projekt- und Teamarbeit flexible Lösungen und familienfreundliche Arbeitsmodelle ermöglicht. Und doch sehe ich häufig, dass sich nicht alle Lebensträume gleichzeitig realisieren lassen. Gerade bei Führungspositionen wird es immer eine Gratwanderung geben, hier sind kreative Strategien besonders gefragt! Nach wie vor wird von Führungskräften eine hohe Präsenz verlangt. Der Weg in die Teilzeit kann hier für ambitionierte Frauen zur Sackgasse werden. Und doch müssen Frauen oft erst lernen, eine berufliche Laufbahn als Langstreckenlauf zu betrachten.

Vielen Frauen fällt es besonders schwer, Rückschläge hinzunehmen und Niederlagen einzustecken. Doch genau darin liegt die Kunst. Auch Frauen müssen sich erlauben, aus Fehlern lernen zu dürfen, nach Niederlagen aufzustehen und in schwierigen Phasen Durchhaltevermögen zu entwickeln. Den Mut zu haben, auch bei Rückschlägen weiterzumachen, gehört nach meiner Erfahrung zu den wichtigsten Voraussetzungen für langfristigen beruflichen Erfolg! Die Zufriedenheit im Beruf schenkt Frauen Selbstvertrauen.

Wer Familie und Beruf gleichzeitig bewältigen will, muss jedoch auch lernen loszulassen. Vielen Frauen fällt es schwer, Verantwortung abzugeben. Doch genau das ist unumgänglich, wenn wir die Vielfalt der täglichen Aufgaben bewältigen wollen. Frauen müssen lernen zu delegieren, ohne ein schlechtes Gewissen zu bekommen, denn auch mit größtmöglicher Disziplin bekommen wir nicht alles gleichzeitig hin. Wer immer perfekt sein will, wird krank. Wer viel von sich verlangt, muss auf seine Gesundheit achten und sich dabei bemühen, kritikfähig zu bleiben. Gerade im Dialog mit anderen erfahre ich viel über meine eigenen Möglichkeiten und Grenzen und lerne so, mich selbst realistisch einzuschätzen.

Familie ist das Wertvollste, was wir Menschen erleben dürfen. Werte wie Vertrauen, Verlässlichkeit, Wärme und Geborgenheit sind unbezahlbar. Die meisten Menschen erleben diese Werte vor allem in und mit ihrer Familie.

Eine Gesellschaft ohne Kinder ist zum Scheitern verurteilt: Sie wird sozial scheitern, weil es Familien und ihre Werte sind, die die Gesellschaft zusammenhalten. Eine kinderlose Gesellschaft wird aber auch emotional scheitern, weil die Familie der Ort in unserem Leben ist, an dem Fürsorge, Liebe und Verantwortung ihre Wurzeln haben. Kinder bedeuten Sinnstiftung und Erfüllung, weil sie unsere Blicke und Gedanken auf das lenken, was im Leben wirklich wichtig ist: Liebe zu geben, für jemanden da zu sein, Gemeinschaft zu leben und persönliche Verantwortung zu übernehmen. Damit liegt es auch in der Verantwortung unserer Gesellschaft, Strukturen zu ermöglichen, in denen Kinder und Familien gut leben können.

Viel zu lange wurden familiäre und ökonomische Interessen in Deutschland als Gegensätze verstanden. Der Blick in unsere Nachbarländer zeigt jedoch, dass andere Länder mit einer familienfreundlichen Infrastruktur und einer familienbewussten Arbeitswelt einen deutlichen Zugewinn an wirtschaftlichen Perspektiven zu verzeichnen haben. Von einer guten Balance zwischen Familie und Beruf profitieren alle: Eltern und Kinder, Staat und Gesellschaft, Unternehmen und Wirtschaft.

Um diesem Ziel einen Schritt näher zu kommen, habe ich 2003 gemeinsam mit der damaligen Familienministerin Renate Schmidt die »Allianz für die Familie« ins Leben gerufen.[95] In dieser Allianz setzen sich das Bundesministerium für Familie, Senioren, Frauen und Jugend und die Bertelsmann Stiftung gemeinsam mit starken Partnern dafür ein, Familienfreundlichkeit zum Markenzeichen der deutschen Wirtschaft zu machen. Sowohl Wirtschaftsverbände als auch Gewerkschaften, große Stiftungen, führende Unternehmen und Entscheidungsträger aus Politik und Wirtschaft beweisen darin ihr aktives Engagement, zeigen praktizierbare Strategien und Wege auf und geben uns so Beispiele, wie die Balance von Familie und Beruf in unserer Gesellschaft besser gelingen kann.

Ich bin zuversichtlich, dass der von uns eingeschlagene Weg schrittweise die Realität verändern wird. Es ist höchste Zeit für eine moderne und nachhaltige Familienpolitik, die

die Rahmenbedingungen für Familie und Beruf den Gegebenheiten des 21. Jahrhunderts anpasst und sich nicht mehr an traditionellen Familienrollen, sondern an den Wünschen der Menschen orientiert.

Der globale Wettbewerb hat die Arbeitsbedingungen vieler Menschen verändert. Hier gilt es, den Lebenswirklichkeiten ins Auge zu sehen und sowohl den Erfordernissen der Wirtschaft als auch den Familien- und Arbeitsmodellen berufstätiger Mütter und Väter in einer zukunftsorientierten Balance zu entsprechen. Dann wird es vielen wieder leichter fallen, sich für ein Leben mit Kindern zu entscheiden. Und der Mentalitätswandel in Deutschland ist spürbar!

Die Frage nach der Vereinbarkeit von Familie und Beruf beschäftigt viele. In unserem Projekt zur Balance von Familie und Arbeitswelt konnten wir im Rahmen einer internationalen Studie feststellen, dass in Deutschland seit 2003 ein stetiges Interesse der Medien an diesem Thema festzustellen ist – über sämtliche Ressortgrenzen hinweg.[96] Gleiches gilt für das Internet. Denn noch immer sind in Deutschland – im Vergleich zu Skandinavien und Frankreich – die Kinderbetreuungsplätze günstiger, aber fast überall sind sie zu knapp. Nach wie vor fehlt in Deutschland ein ausreichendes Angebot an haushaltsnahen und die Familien entlastenden Dienstleitungen. Noch immer sind die in unserer Studie befragten beruflich erfolgreichen Frauen überwiegend auf selbst geknüpfte Betreuungs- und Dienstleistungsnetzwerke angewiesen. Nach wie vor ist es in Deutschland so, dass der Alltag mit Kindern vorwiegend von den Müttern allein organisiert und bewältigt werden muss. Die Kombination von Berufstätigkeit und Familie muss in Deutschland zur Regel werden, ohne dass große

Doppelbelastungen entstehen. Aus eigener Erfahrung ist mir wichtig, dass Frauen ein selbstbestimmtes Leben führen – und gleichzeitig mit einem Partner und einer Familie leben können.

Es ist noch ein langer Weg, wenn dem in Umfragen und Medien dokumentierten Wunsch nach Familie auch die Taten folgen sollen, die für einen Strukturwandel unerlässlich sind. Nur lebendige und starke Familien sowie eine wettbewerbsfähige Wirtschaft können gemeinsam die Zukunft unserer Gesellschaft sichern. Das Thema Familie geht uns deshalb alle an. Jeder Einzelne von uns ist gefragt, wenn Deutschland wieder zu einem zukunftsfähigen Land werden soll.

FRAUEN IN FÜHRUNGSPOSITIONEN

Wenn Unternehmen den Anspruch erheben, neugierige, kreative, engagierte und motivierte Mitarbeiter gewinnen zu wollen, können sie auf das Leistungs- und Kreativpotenzial der Frauen nicht verzichten. Viele Frauen in Deutschland sind hervorragend ausgebildet. In den meisten Unternehmen und öffentlichen Institutionen kämpfen sie jedoch immer noch um Anerkennung, insbesondere, wenn es um Führungspositionen geht.[97] Dabei liegt die Frauenerwerbsquote bereits heute bei 66,8 Prozent und die Zahl der weiblichen Studierenden bei 49,7 Prozent. Sowohl im Abitur-Notendurchschnitt, bei zahlreichen Studienabschlüssen wie auch in den Naturwissenschaften haben Frauen die Nase vorn. Demgegenüber ist der Anteil an Frauen, die den Sprung in die Führungsetagen geschafft haben, mit 10 Prozent erschreckend gering.

Noch immer gilt, dass die meisten männlichen Führungskräfte verheiratet sind und Familie haben, während Frauen in Führungspositionen ihr Engagement häufig mit Kinderlosigkeit bezahlen. Mehr als 40 Prozent der Akademikerinnen zwischen 35 und 40 Jahren haben keine Kinder. Die Anforderungen an Führungskräfte sind immens – sowohl was den Arbeitseinsatz als auch was das Zeit- und Kräftemanagement betrifft. Da wird die Zeit für das eigene Privatleben mitunter verschwindend gering – und somit auch die Zeit, die für eine Familie bleibt. Frauen sind davon genauso betroffen wie Männer, mit dem Unterschied, dass es meist die Frauen sind, die für das Familienleben Verantwortung tragen und die bei Führungsaufgaben auch schneller auf die Möglichkeit eines Familienlebens verzichten.

Umgekehrt schrecken viele hervorragend qualifizierte Frauen vor der Führungsverantwortung zurück, weil sie fürchten müssen, ihre Familienwünsche nicht mit ihrem beruflichen Werdegang verbinden zu können. Und doch belegen neueste Studien, dass nicht die Familie, wie oft vermutet, der Karrierekiller für Frauen ist, sondern dass die Vorurteile gegenüber Frauen von 47 Prozent der Befragten als hemmend eingeschätzt werden. Immerhin 34 Prozent der Frauen sehen im Fehlen beruflicher Netzwerke ein wesentliches Hindernis für die Entfaltung der eigenen Karriere.

Unserer Gesellschaft geht damit ein enormes Potenzial verloren. Die gute Ausbildung der Frauen ist zu wertvoll, um anschließend brachzuliegen. Denn längst hat die Forschung bewiesen, dass die sogenannte »mixed leadership« in vielen Fällen erfolgreicher ist, als wenn Männer allein die Führung unter sich ausmachen. Die moderne Hirnforschung hat das alte Vorurteil von der Überlegenheit der männlichen Intelligenz ein für alle Mal widerlegt, dabei aber auf erstaunliche Unterschiede zwischen Männern und Frauen hingewiesen.[98]

Frauen und Männer unterscheiden sich nicht im Grad, sehr wohl aber in der Art ihrer Intelligenz. Ein männliches und ein weibliches Gehirn sind nicht verschieden, sie arbeiten aber auf unterschiedliche Weise. Sie organisieren sich unterschiedlich, sie entwickeln unterschiedliche Lösungsstrategien für den gleichen Sachverhalt. Hormone prägen die Intelligenz von Frauen und Männern auf unterschiedliche Weise, indem sie schon im Mutterleib Einfluss auf die Feinstruktur des Gehirns nehmen. Je nachdem, ob das Neugeborene ein Junge oder ein Mädchen ist, nimmt es das Leben von Anfang an unterschiedlich wahr. Neben dem genetischen Erbe, das wir alle in uns tragen, sind es auch die Prägungen unserer Umwelt, die die Differenz der Geschlechter nachhaltig beeinflussen. Auch wenn beide Geschlechter sich intellektuell entsprechen, unterscheiden sie sich sehr, was die spezifische kognitive Leistung bei vergleichbaren Anlässen betrifft. Ein Mann und eine Frau mit gleichem Intelligenzgrad können bei einem zu lösenden Problem zu völlig unterschiedlichen Ergebnissen kommen. Vor allem aber sind sie nicht in der Lage, die Perspektive ihres Gegenübers in Abwägung zu ihrer eigenen Einschätzung zu würdigen. Im Nichtanerkennen der anderen Perspektive liegt das Drama häufiger Missverständnisse, aber auch das verborgene Potenzial ungenutzter Kreativität. Denn wenn die Frauen etwas erkennen, was die Männer nicht sehen, und umgekehrt, dann führt erst das Zusammenspiel der Geschlechter zu überzeugenden Lösungen und hilft, einseitige Perspektiven auf komplexe Sachverhalte zu vermeiden. So ist es erwiesen, dass Frauen schnelleren Zugang zu nichtverbalen Zusammenhängen finden. Frauen nehmen komplexer wahr. Das alte Vorurteil, dass eine Frau im Team Komplikationen mit sich bringt, bestätigt sich, aber auf andere Weise: Frauen folgen stärker einer intuitiven, erinnernden Wahrnehmung, die ihre Perspektive komplexer und kreativer werden lässt. Zur Beurteilung einer Situation sucht das weibliche Gehirn nach Entsprechungen auf dem weiten Feld früherer Erfahrungen. So ist die Frau dem Mann nachweislich überlegen, was das schnelle Erfassen einer Situation, die Sensibilität für emotionale Befindlichkeiten und die Wahrnehmung differenzierter Sachverhalte angeht.

Beide Geschlechter nutzen Hirnregionen unterschiedlich. Die Frau nutzt jüngere Hirnregionen, wo sie Mimik, Gestik und andere Kommunikationssignale entschlüsseln kann, stärker als der Mann. Das Gehirn eines Mannes dagegen bleibt auch im Ruhezustand ständig mit seinen ältesten Hirnregionen vernetzt, die auf das Überleben ausgerichtet waren – so, als müsste er jederzeit kampfbereit sein.

Diese Unterschiede in der strategischen Ausrichtung der Intelligenz lassen Männer häufig nach glatten Lösungen suchen, während Frauen Schritt für Schritt die Details bewusst machen wollen und dadurch manchmal eine schnelle Lösung verhindern. Die Forschung bezeichnet diesen Unterschied mit den Begriffen »high-risk gambler« und »save investor«.

Ich habe mich mit vielen Frauen aus Politik und Wirtschaft zu diesem Thema ausgetauscht. Besonders beeindruckt hat mich die ehemalige Berliner Justizsenatorin Lore Maria Peschel-Gutzeit.[99] In ihrer langen Laufbahn als Politikerin und Juristin wirkte die Mutter von drei Kindern an der rechtlichen Gleichstellung der Frauen in Deutschland mit. Heute fordert Frau Peschel-Gutzeit eine stärkere Einbindung von Frauen in Vorständen und Aufsichtsräten. Sie begründet ihre Auffassung damit, dass Männer seltener Fragen stellen, während Frauen detaillierter Auskunft verlangen und von ihrer Kontrollfunktion in einem solchen Gremium auch Gebrauch machen. Da gerade die Wirtschaftskrise das Versagen von Kontrollinstanzen zutage gefördert hat, plädiert sie umso nachdrücklicher für Frauen in Führungsetagen.

Auch ich bin davon überzeugt, dass Frauen in Führungspositionen die Kreativität und Zukunftsfähigkeit unserer Unternehmen deutlich befördern können, gerade weil die Strategien der Geschlechter unterschiedlich sind. Wir benötigen hier konzertierte Aktionen von Wirtschaft, Politik, Unternehmen und Verbänden, um diesen gesellschaftlichen Missstand zu beheben. Erst im Zusammenspiel der Geschlechter können die Verantwortungsträger unserer Gesellschaft ihr ganzes Potenzial entfalten. Wir sollten uns klarmachen, dass die komplexe Wahrnehmung der Frauen den mitunter auftretenden Tunnelblick der Männer ergänzen kann. Umgekehrt bleiben Männer auch in vielschichtigen Problemlagen zielorientiert – eine gute Ergänzung für die Frauen.

In einer Welt, in der die Herausforderungen kaum komplexer sein könnten als heutzutage, liegt gerade in dieser Unterschiedlichkeit ein ungeheures Potenzial. Wir müssen uns alle bewusst machen, dass Unternehmen, die auf Frauen in Führungspositionen setzen, im Wettbewerb Vorteile haben. Managerinnen sind ein wichtiger Erfolgsfaktor für kommunikative Strategien, Kreativität und Zukunftsfähigkeit unserer Gesellschaft.

In den USA sind frauenspezifische Führungstrainings längst Normalität. In Deutschland hat die Bertelsmann Stiftung damit Maßstäbe gesetzt und bietet in unserer Business Women School in Berlin jährlich eine Führungskräfteentwicklung für vierundzwanzig Teilnehmerinnen aus verschiedenen deutschen Unternehmen an.[100] Hochkarätige Referentinnen aus der Wirtschaft, den Medien, den Kirchen und der Politik geben einen Einblick in ihre beruflichen Erfahrungen. Ich nutze diese Gelegenheit gerne, um mich mit den jungen Teilnehmerinnen zu unterhalten.

Es ist wirklich beeindruckend, wie hoch motiviert alle nach der richtigen Strategie für ihren weiteren Weg suchen.

Gemeinsam sind wir der Frage nachgegangen, wie es gelingen kann, die Kompetenzen, das Wissen und die Fähigkeiten von Frauen in der Kultur von Unternehmen zu verankern. Fragen der Führungskompetenz und der Karriere werden offen diskutiert. Auch die Vereinbarkeit von Familie und Beruf liegt vielen am Herzen. Die Mischung von erfolgreichen Referentinnen mit Vorbildfunktion und der offenen Arbeitsatmosphäre machen die Business Women School für die Teilnehmerinnen zu einer großen Chance. Die angehenden Managerinnen haben so die Möglichkeit, Netzwerke zu knüpfen und gemeinsame Erfahrungen zu sammeln. Diese Chance wird lebhaft genutzt.

Auf dem Weg hin zu einer zukunftsfähigen Gesellschaft ist das Zusammenspiel der Geschlechter unverzichtbar. Viele junge Frauen unterschätzen jedoch noch immer, wie viel Anstrengung nötig ist, um nach einem gelungenen Berufseinstieg in Führungsetagen Fuß zu fassen.

Deshalb appelliere ich an alle Frauen, in ihrem Leben nicht nur für andere Verantwortung zu übernehmen, sondern sich stets auch der Verantwortung für sich selbst bewusst zu sein. Da ist sowohl das Engagement der Unternehmen gefragt als auch das Umdenken in unser aller Köpfen.

MIGRATION UND INTEGRATION ALS HERAUSFORDERUNG

Meine Freundin Yue-Sai Kan, eine sowohl in China als auch im Westen bekannte Autorin und Unternehmerin[101], hat mir einmal gesagt: »Ihr Europäer seid nicht neugierig genug.« Dieser Satz hat mich sehr nachdenklich gemacht. Was ist es, das uns Europäer in vielem lähmt oder uns glauben lässt, wir wüssten alles besser? Warum fühlen wir uns Menschen aus anderen Kulturkreisen häufig sogar überlegen? Ist das nur fehlende Neugierde? Oder steckt dahinter auch der Hochmut der alten abendländischen Kultur, der uns satt macht und uns so das Tor zu neuen Einsichten verschließt?

Wie oft habe ich erlebt, dass ich mit meiner Neugierde auf andere Menschen und andere Kulturen die Geduld meiner Begleiter strapazierte. Nicht alle Menschen lassen sich mit gleicher Begeisterung auf das ein, was ihnen fremd erscheint. Begegnungen und Erlebnisse mit anderen Kulturkreisen können anstrengend sein, bereichernd sind sie allemal. Denn sie öffnen unseren Blick und lehren uns, die Dinge des Lebens mit anderen Augen zu sehen. In der Vielfalt der Perspektiven liegt eine ungeheure Chance. Und diese Chance lässt sich nicht nur auf Reisen in andere Länder und Kontinente entdecken. Diese Chance ist mit Händen zu greifen, sie befindet sich mitten unter uns, sie ist ein Teil unseres Lebens geworden, wenn wir nur wach genug sind, diese Möglichkeiten wahrzunehmen.[102]

Die deutsche Gesellschaft hat sich in den letzten Jahrzehnten grundlegend verändert. Angesichts der demografischen Entwicklung ist die Integration von Zuwanderern keine Minderheitenfrage mehr. Die Zukunftsfähigkeit unserer älter werdenden Gesellschaft hängt entscheidend davon ab, ob es uns gelingt, Menschen unterschiedlicher Herkunft, verschiedenartiger kultureller Prägungen und von unterschiedlichem sozialem Status zu integrieren.

Heute haben rund 20 Prozent der in Deutschland lebenden Menschen einen Migrationshintergrund. Dieser Anteil wird aufgrund der unterschiedlichen Geburtenzahlen noch wachsen. Wir brauchen deshalb eine Gesellschaft, die Veränderungen als Chance begreift und unterschiedliche Sichtweisen akzeptiert. Denn Deutschland ist in den kommenden Jahren dringend auf Zuwanderung angewiesen. Wirtschaftskrisen erschweren das nötige Umdenken. Die Herausforderung unserer Gesellschaft besteht darin, trotz bestehender sozialer Spannungen das Miteinander von Menschen unterschiedlicher Herkunft zu gestalten. Mir persönlich ist das ein großes Anliegen, dem ich in vielen Gesprächen und Diskussionen nachgehe.

Die Bertelsmann Stiftung hat hierzu einen eigenen Schwerpunkt entwickelt und bietet eine Vielzahl von Projekten, Studien und Maßnahmen für eine erfolgreiche Integrationspolitik an.[103] Die Zukunft unserer Demokratie ist auf die lebendige Umsetzung von gesellschaftsverbindenden Werten wie Toleranz, Gemeinschaftssinn und Bürgerengagement angewiesen. Dazu müssen entsprechende Gestaltungsmodelle gefördert werden. Gemeinsam mit unseren Partnern haben wir Bildungsprogramme entwickelt, die helfen, auf individueller Ebene entsprechende Haltungen zu fördern. Die langjährige Tabuisierung der

Einwanderungssituation in Deutschland hat eine ausländerfeindliche Einstellung in der Bevölkerung begünstigt. Dem gilt es, mit aller Kraft entgegenzuwirken.

Mittlerweile ist das Problem in der Politik angekommen. Integration wird nun als Schlüsselaufgabe verstanden, die über die Zukunftsfähigkeit unserer Gesellschaft entscheidet. Doch noch immer gibt es viel zu tun und zu verändern. Es kann nicht sein, dass eine Ärztin aus Bulgarien hier als Krankenschwester arbeiten muss und ein Ingenieur aus Kenia als Taxifahrer tätig ist, um zu überleben. In einer Umfrage zu Demokratie und Integration in Deutschland[104] hat die Bertelsmann Stiftung zeigen können, dass die Zuwanderer sich mehrheitlich zur Demokratie bekennen: 70 Prozent aller Befragten mit Migrationshintergrund halten die Demokratie für die beste Staatsform. Ein deutliches Bekenntnis zu Deutschland liegt auch darin, dass sich 83 Prozent der Menschen mit Zuwanderungshintergrund mit Deutschland verbunden fühlen.

Diesem Bekenntnis zu Deutschland muss unsere Gesellschaft entsprechen. Denn eine gelungene Integration leistet einen wesentlichen Beitrag zum sozialen Zusammenhalt. Dazu gehört vor allem der Zugang zu fairen Bildungschancen. Internationale Studien zeigen aber, dass in Deutschland der Bildungserfolg wie in kaum einem anderen Land von der Herkunft abhängt.

Vor einem Jahr wurde ich zufällig Zeugin folgender Szene: Es war Ende August, das neue Schuljahr begann. Ich sah einen Vater mit seiner kleinen Tochter auf eine Schule zugehen, der ich an diesem Morgen einen Besuch abstattete. Das Mädchen war sehr hübsch zurechtgemacht, es trug Schleifen im Haar, hatte ein feines Sommerkleid an und trug voller Stolz eine Schultüte. Vater und Tochter war die gespannte Erwartung anzusehen. Beide stammten sie aus Sri Lanka, wie ich später erfuhr.

Ich sprach gerade mit einer Lehrerin, die sich den beiden erstaunt zuwandte. Die Einschulung war erst am nächsten Tag, der Vater hatte ganz offensichtlich das Anmeldeformular nicht richtig gelesen. Die Enttäuschung der beiden ist mir unvergesslich. Was für ein missglückter Beginn!

Dieses Erlebnis erscheint mir beispielhaft für die bürokratischen und menschlichen Hürden, die einer Teilhabe an unserer Gesellschaft noch immer entgegenstehen. Denn vor einer gelungenen Integration durch Bildung steht die Beratung der Eltern, stehen viele kleine und große Schritte, wie systematische Sprachförderung, Offenheit und beratende Unterstützung für das Umfeld der Kinder.

Es gehört zum Selbstverständnis unserer Stiftung, dass wir uns alle aufgerufen fühlen, gesellschaftliche Problemfelder zu erkennen und über den eigenen Tellerrand hinaus, das heißt weltweit, nach den besten Lösungsansätzen zu suchen.

Mit dem Reinhard Mohn Preis unterstützt die Bertelsmann Stiftung innovative Konzepte und nachahmenswerte Lösungsansätze für gesellschaftliche Herausforderungen.[105] Im Jahr 2008 haben wir ganz gezielt nach Modellen gesucht, wie Integration durch Bildung gelingen kann und wo Kinder aus Zuwandererfamilien faire Bildungschancen erfahren. Unsere Kommission hat mit insgesamt mehr als hundert Bildungsexperten in zehn klassischen Einwanderungsländern gesprochen, von Kanada über England, Schweden und die Schweiz.

Besonders beeindruckt hat uns die regionale Schulbehörde in Toronto, die eine überzeugende Strategie zur Teilhabe aller Kinder und Jugendlichen unabhängig von ihrer Herkunft entwickelt hat.[106] Zu dem »Toronto District School Boards« gehören mehr als fünfhundertfünfzig Schulen. Allen gemeinsam ist das Leitbild von Teilhabe und Chancengleichheit. Das verpflichtet jeden, von den Schulleitern bis zu den einzelnen Schülern, sich für Fairness und Integration einzusetzen. Toronto ist die einzige Schulbehörde in Kanada, die auf der Leitungsebene dafür auch einen Verantwortlichen stellt. In allen Schulen wird Vielfalt geschätzt und gefördert. Die Schulbehörde unterstützt die Lehrer bei ihrer dafür notwendigen Qualifizierung. Zur Schulkultur in Toronto gehört auch die Offenheit für das Umfeld der Kinder, die insbesondere den Eltern bei Bedarf Integrationsberater zur Seite stellt. Schulen in besonders schwierigen Stadtteilen werden darüber hinaus mit zusätzlichen Initiativen gefördert. Neben einer systematischen und kontinuierlichen Sprachförderung gehört zur Schulkultur im Ganzen, dass die unterschiedlichen kulturellen Hintergründe der Schüler im Unterricht und im Schulalltag thematisiert werden. Jeder der Schüler soll sich so mit seiner Lebensgeschichte und seinem familiären Hintergrund willkommen fühlen.

Dieser kleine Einblick mag verdeutlichen, dass wir in Deutschland noch einen langen Weg vor uns haben, wenn Integration gelingen soll. Schritt für Schritt sollten wir folgende Ziele ins Auge fassen:

Gesellschaftliche Vielfalt sollte nicht länger als Problem, sondern als Chance verstanden werden.

Unser Schulsystem benötigt ein neues Leitbild für die gleichberechtigte Teilhabe aller Kinder und Jugendlichen, unabhängig von ihrer Herkunft.

Unsere Lernkultur muss Maßnahmen zur Umsetzung individueller Förderung entwickeln.

Stetige Lehrerfortbildung ist unverzichtbar.

Regionale Kompetenzen müssen gestärkt werden: Wer kennt die Herausforderung vor Ort besser als die Kommunen?

Schulen benötigen die Unterstützung engagierter außerschulischer Partner zur Umsetzung ihrer Integrationsaufgaben.

Wenn all diese Maßnahmen konsequent umgesetzt werden, wird die gelungene Integration kein Traum bleiben. Jedes Kind in unserem Land sollte die faire Chance erhalten, etwas aus seinem Leben zu machen. Es ist die Aufgabe unserer Gesellschaft, diese Kinder zu unterstützen und zu fördern. Über die richtigen Wege kann man diskutieren. Unstrittig für mich ist aber, dass wir dabei die Kinder in den Mittelpunkt stellen müssen, denn die Kinder sind unsere Zukunft!

BRÜCKEN BAUEN FÜR DIE ZUKUNFT

»Du hast immer die Welt als Arbeitsplatz betrachtet«, sagte mir mein Mann in unserem letzten gemeinsamen Sommer 2009. Er lächelte dabei, und ich dachte an unsere vielen Reisen, an die unzähligen Initiativen, die davon für den Bertelsmann Konzern und für die Bertelsmann Stiftung ausgegangen sind. Er, der die Stille liebte und der sich nach den aufreibenden Arbeitswochen gern ins Privatleben zurückzog, hatte eine Frau an seiner Seite, die es liebte, unter Menschen zu sein.

Begegnungen mit Menschen inspirieren mich. Das gilt für ein Gespräch mit einer Verkäuferin im Supermarkt genauso wie für die Begegnung mit Wissenschaftlern, prominenten Persönlichkeiten oder Mitarbeitern unseres Unternehmens. Aus Begegnungen mit Menschen schöpfe ich unablässig neue Energie. Aus Beobachtungen entstehen neue Impulse, wachsen neue Ideen, Initiativen und Projekte.

Jeder Mensch hat seine eigene Persönlichkeit, Interessen und Themen, die ihm wichtig sind. Diese Themen muss man erspüren, sie sind der Türöffner für Gespräche, für verbindende Initiativen und manchmal auch für mehrjährige Projekte und Unternehmungen.

Schon als kleines Mädchen bin ich offen auf Menschen zugegangen, und auch später, an der Seite meines Mannes Reinhard Mohn, war mir diese Offenheit wichtig. Wenn ich einen Menschen kennenlernen möchte, bin ich ohne Scheu vor dieser Begegnung. Für mich steht immer der Mensch im Mittelpunkt, nichts anderes zählt. Dabei habe ich mich nie von Sprachbarrieren behindern lassen, denn die Augen, Gesten und Haltungen eines Menschen verraten mir so viel über ihn, dass es für mich nie eine Rolle spielte, ob die Begegnung in Asien, Afrika, Amerika oder Europa stattfand.

Schon in den achtziger Jahren zeichnete sich ab, dass die Globalisierung unsere Welt verändern würde. Durch die weltwirtschaftlichen und geopolitischen Veränderungen der letzten zwanzig Jahre hat sich viel in unseren Gesellschaften gewandelt. Allein der Wunsch der Menschen nach Frieden und Wohlstand ist der gleiche geblieben. Länder und Unternehmen können sich der Globalisierung nicht verschließen, denn sie sind auf die Vorteile der internationalen Handelsbeziehungen angewiesen, egal, an welchem Ort auf diesem Globus wir leben und arbeiten. Wir leben weder in einem europäischen noch in einem amerikanischen, noch in einem asiatischen Jahrhundert: Unser Jahrhundert kann nur global gelebt werden! Die Globalisierung gewinnt immer mehr an Tempo, die internationale Verflechtung von Wirtschaft, Technologie und Politik ist nicht mehr aufzulösen. Was heute in New York passiert, erfährt wenig später die ganze Welt, was in Japan oder im Nahen Osten geschieht, erreicht innerhalb kürzester Zeit uns alle.

Unzählige Menschen wurden in den letzten Jahren in die globalen Arbeitsmärkte eingegliedert. Nie zuvor gab es so viele Entwicklungsmöglichkeiten für Menschen überall auf der Welt. Nie zuvor gab es aber auch ein so hohes Risiko, vom Ausmaß eines Problems, von den Auswirkungen einer Krise weltweit betroffen zu werden. Die Wirtschaftskrise 2008/2009 hat uns das deutlich vor Augen geführt. Die Lähmung des europäischen Flugverkehrs durch den Ausbruch eines isländischen Vulkans hatte Auswirkungen auf uns alle. Jeder ist mit jedem verbunden. Doch sind wir Menschen uns wirklich der ungeheuren Verantwortung bewusst, die aus dieser Verbundenheit entsteht? Sind wir dieser Herausforderung gewachsen? Oder herrscht nicht überall auf der Welt ein Stückwerk von widerstrebenden Interessen, Täuschungsmanövern, mühsamen Kompromissen und fragilen Allianzen vor, die bei nächster Gelegenheit auseinanderbrechen können?

Unzählige Kriege und kriegerische Konflikte überziehen den Globus. Was gibt uns in einer Welt widerstreitender Interessen eigentlich Hoffnung? Was gibt uns Sinn? Was macht uns Mut, uns Tag für Tag neuen Aufgaben zu stellen? Was lässt uns – trotz allem – nicht verzweifeln?

Auch mein Optimismus stößt manchmal an Grenzen. Auch ich bin Zeugin von Gesprächen, die zu nichts führen, auch ich kenne die Mühsal wiederholter Versuche, die nichts fruchten. Bei schlimmen Nachrichten möchte auch ich manchmal verzweifeln, erlebe Angst und Sorge. Und doch steht jedem Scheitern ein Gelingen gegenüber, jeder Verzweiflung folgt ein neuer Hoffnungsschimmer. In solchen Momenten erinnere ich mich an den Spruch meines Lehrers: »Probier's mal. Du schaffst es.« Und wenn das eine nicht gelingt, gelingt das andere.

Jeder Tag ist für mich eine Brücke in die Zukunft, die ich überqueren möchte. Ich habe in meinem Leben das große Glück erfahren, etwas gestalten zu dürfen. Diese Chance ist mir Verpflichtung, Tag für Tag und Jahr für Jahr. Ich bin zutiefst davon überzeugt, dass man das Unmögliche wagen muss, wenn man das Mögliche erreichen will. Für meine Umgebung kann das sehr anstrengend sein. Meine Mitarbeiter wissen manches Lied davon zu singen, wenn ich auch nach dem zehnten Versuch nicht aufgebe. Doch über das Erreichte freuen wir uns dann gemeinsam. Die Anstrengungen sind vergessen, wenn eine Initiative gelingt, wenn aus einer Idee ein schöner Erfolg erwächst.

Jeder von uns sollte seinen eigenen Beitrag für die Zukunft leisten, es reicht schon lange nicht mehr, sich hinter den Regierungen unserer Länder zu verstecken. Jede gelungene Begegnung mit Menschen anderer Herkunft ist ein Baustein für unsere gemeinsame Zukunft. Im Lauf der Jahrzehnte habe ich immer wieder Persönlichkeiten getroffen, die das brennende Interesse an einem gelungenen Dialog über Länder, Kontinente, Herkunft und Sprachen hinweg mit mir teilen. Ich liebe es, Menschen zusammenzubringen und in Gesprächen und Diskussionen nach Perspektiven Ausschau zu halten, die Menschen über alle Grenzen hinweg verbinden können. Die Neugier und der unbedingte Lernwille, mit dem ich meinen Mann Reinhard Mohn auf unseren ersten gemeinsamen Auslandsreisen begleitet habe, hat mich bis heute nicht verlassen.

Getragen von den Erfahrungen unseres gemeinsamen Lebens, möchte ich unsere Überzeugung, dass die Entwicklung eines globalen Bewusstseins eine kulturelle Aufgabe ist, in die Zukunft führen.

Die kulturelle Vielfalt, die uns umgibt, ist ein Reichtum, den es zu bewahren gilt. Gleichzeitig ist es dringend geboten, durch Kulturaustausch Brücken der Verständigung aufzubauen, denn noch immer spielen kulturelle Faktoren bei der Entstehung weltweiter Konflikte eine bedeutsame Rolle.

Eine empirische Studie der Bertelsmann Stiftung, die eine Auswertung aller seit dem Jahr 1945 weltweit registrierten Konflikte und die Bewertung ihrer Ursachen und Intensität durch Konfliktforscher der Heidelberger Universität[107] vorgenommen hat, zeigt einen sprunghaften Anstieg politischer Konflikte. Allerdings werden diese Konflikte in vier von fünf Fällen auf innerstaatlicher Ebene ausgetragen.

Für die von Samuel Huntington und anderen prominenten Wissenschaftlern vertretene These vom »Kampf der Kulturen«[108] wie der des Westens mit dem Islam liefert unsere Studie keinen Beleg. Sobald Kultur in global bedeutsamen Konflikten eine Rolle spielt, zeigen sich diese Konflikte besonders anfällig für gewalttätige Auseinandersetzungen. Augenfällig in den innerstaatlichen Konflikten ist die Wechselwirkung zwischen verschiedenen Sprachzugehörigkeiten und einem hohen Überschuss junger Männer zwischen fünfzehn und vierundzwanzig Jahren.

Unsere Studie hat deutlich werden lassen, dass kulturelle Faktoren bestehende Konflikte oftmals verstärken können, aber zumeist nicht als deren Ursache anzusehen sind. Der Förderung des Kulturaustausches und der Verständigung zwischen den Kulturen kommt also eine enorme stabilisierende Kraft zu. Kulturaustausch ist Friedenssicherung. In Zeiten einer immer schneller verlaufenden globalen Entwicklung ist der kulturelle Brückenbau unverzichtbar.

Ein wichtiges Forum für diese Bemühungen ist der seit 2004 von uns mitgetragene Salzburger Trilog[109], der aus der Erfahrung der Projektreihe internationaler Kulturforen entstanden ist. Gemeinsam mit dem ehemaligen österreichischen Bundeskanzler Wolfgang Schüssel leite ich diese Initiative, um interessante Persönlichkeiten aus Kultur,

Wirtschaft und Politik zum engagierten Gedankenaustausch zusammenzubringen. Jedes Jahr versammeln sich in Salzburg auf Einladung der Bertelsmann Stiftung und des österreichischen Außenministeriums Wissenschaftler, einflussreiche Entscheidungsträger und Meinungsbildner aus allen Kontinenten. Die wichtigsten politischen Herausforderungen stehen auf dem Programm und werden hier frei von nationalen Zuständigkeiten und parteipolitischen Befangenheiten in großer Offenheit diskutiert.

Im Zentrum des Salzburger Trilogs 2009 stand das Thema »Weltkrisen und das menschliche Potenzial«.[110] Unter der Moderation von Wolfgang Schüssel wurden die globalen Krisensymptome unserer Zeit und mögliche Wege für eine zukunftsfähige Entwicklung reflektiert. Doch nicht nur etablierte und erfahrene Redner kamen hier zu Wort, es waren auch international engagierte junge Experten und unternehmerische Nachwuchskräfte geladen, um sich an dieser hochkarätigen Debatte zu beteiligen. Viele haben diese Chance genutzt. Der Aufbau und die Weiterentwicklung der hier entstehenden Netzwerke und die damit verbundene Öffentlichkeitsarbeit sind mir ein besonderes Anliegen, denn ich bin überzeugt, dass es genau solche Initiativen und Netzwerke sind, die unseren politischen Entscheidungsträgern und staatliche Institutionen dringend benötigte neue Impulse zutragen.

Denn unser globales Zeitalter steht vor zahlreichen ungelösten Herausforderungen. Martin Lees, der ehemalige Generalsekretär des Club of Rome, dessen Mitglied ich seit vielen Jahren bin, sprach in Salzburg deutlich aus, worauf es heute vor allem ankommt: die Probleme nicht isoliert zu betrachten, sondern sich bewusst zu machen, wie sehr alle Probleme und Aufgaben miteinander verknüpft sind.

Der amerikanische Zukunftsforscher Jerome Glenn, Initiator des Millennium Project[111], hat in seiner Studie fünfzehn globale Herausforderungen analysiert, die in ihrer Wechselwirkung aufeinander zu betrachten sind, wenn man die Zukunft der Menschheit beurteilen möchte. Welche Krisen aber benötigen unsere größte Aufmerksamkeit?

Da ist zum einen die Frage der Erderwärmung, der globale Klimawandel, der die Existenz der Menschheit bedrohen kann. Denn der Klimawandel wird ganze Landstriche unbewohnbar machen und zu Bevölkerungswanderungen führen, die auch nicht unmittelbar betroffene Länder in Mitleidenschaft ziehen. Wie schwer es ist, in Bezug auf die dringend erforderlichen Maßnahmen einen internationalen Konsens zu erzielen, hat die Internationale Klimakonferenz in Kopenhagen 2009 auf fatale Weise gezeigt.

Der zweite Krisenherd ist das Ungleichgewicht zwischen den reichen Industrienationen und jenen Ländern, in denen Armut, Gleichgültigkeit, schlechte Gesundheitsbedingungen und soziale Ungerechtigkeit vorherrschen. Alexander Likhotal, Vorsitzender des Grünen Kreuzes, sieht in der weltweiten Armut die Mutter aller Probleme, mit denen wir heute konfrontiert sind. Er prangert an, dass praktisch 50 Prozent der Weltbevölkerung keinerlei Vorteile aus der Globalisierung ziehen. Wenn wir uns vor Augen führen, dass in fünfzig Jahren fast 9,2 Milliarden Menschen auf diesem Planeten leben und die meisten von ihnen aus Entwicklungsländern stammen werden, erhalten wir eine Ahnung von dem, was uns an Herausforderungen bevorsteht. Viele Menschen haben weder einen Zugang zu sozialen Absicherungen wie der Gesundheitsvorsorge noch zu Bildungssystemen. Doch ohne Bildung wird kein selbstbestimmtes Leben, keine positive wirtschaftliche

Entwicklung und keine politische Teilhabe an der Gesellschaft möglich. Es darf daher nicht verwundern, dass mehr als 60 Prozent der Menschen weltweit die Globalisierung mit Angst und Unsicherheit betrachten. Das Vertrauen in die Vorteile der Globalisierung schwindet. Die jüngsten Finanzkrisen machen deutlich, dass wir den Risiken der Globalisierung eine größere Aufmerksamkeit schenken müssen als bisher.

Europa und die europäische Union stehen an einem Scheideweg. Wir alle müssen uns fragen, welche Zukunft wir uns eigentlich vorstellen. Die Globalisierung darf nicht zu einem gigantischen Spiel verkommen, in dem wenige Gewinner Millionen von Verlierern gegenüberstehen. Der indische Soziologe Surendra Munshi[112] macht deutlich, dass wir ohne eine Ethik zu verantwortlichem politischem Handeln und einem Konsens an humanistischen Werten die Herausforderungen der Globalisierung kaum bewältigen können.

Weitere Krisenherde sind die Bevölkerungsexplosion, Fragen der Menschenrechte, die Frage der ökologischen Ressourcen, Energievorkommen und Sicherheitsfragen weltweit. Wie eng die einzelnen Krisenherde miteinander verknüpft sind, mag ein Beispiel belegen. Wenn die Wasservorräte auf der Erde in den nächsten Jahrzehnten ernstlich zurückgehen, wird das weitere Verteilungskämpfe und ein Ansteigen der Armut weltweit zur Folge haben.

Die globale Verknüpfung riesiger Problemfelder und gesellschaftspolitischer Herausforderungen stellt neue Anforderungen an die politischen Entscheidungsträger weltweit. Denn die Problemfelder der Zukunft sind existenzieller als bisher. Bei früheren Kriegen und Konflikten gab es immer Gebiete und Ressourcen auf der Welt, zu denen die Menschen fliehen, die sie neu erschließen konnten. Diesmal sitzen wir alle im selben Boot, einen Ausweg gibt es nicht.

Wenn die Demokratie als Staatsform überleben will, darf die politische Führung nicht länger im Zyklus der Wahltermine verharren. Die Herausforderungen unserer Zeit benötigen eine Politik der Nachhaltigkeit, die ihren Blick über den unmittelbaren Interessenhorizont hinaus richtet. Wir müssen die Menschen in unserer Gesellschaft für diese Veränderungen sensibilisieren, wenn sich etwas bewegen soll. Politische und wirtschaftliche Führungskräfte sind aufgerufen, ihren Blick über das Hier und Jetzt hinaus auf die Zukunft zu lenken. Denn diese Zukunft kann keine Nation allein, kein Kontinent nur für sich beanspruchen. Die Zukunft geht uns alle an.

Immer wieder kreisen meine internationalen Gespräche um die Frage, ob es den Entscheidungsträgern weltweit gelingt, eine gemeinsame Verantwortung für unseren Planeten öffentlich zu vermitteln und politisch mehrheitsfähig zu machen. Wenn wir dem Frieden in einem globalen Miteinander eine Chance geben wollen, müssen die Perspektiven und Hoffnungen aller Menschen Gehör finden.

Keine Regierung und kein politisches System wird in der Lage sein, allein alle Probleme zu lösen, die mit der zunehmenden Globalisierung auf uns zukommen.[113] Viele Institutionen sind heute überfordert. Deshalb ist jeder von uns aufgerufen, über Nationen, Kulturen, politische, wirtschaftliche und wissenschaftliche Interessen hinaus zu denken, denn wir können alle voneinander lernen. Nach einem jahrzehntelangen Klima der Konfrontation unterschiedlichster Interessen ist es an der Zeit, ein Klima von Kooperation und gemeinsamer Verantwortung für unsere Zukunft zu schaffen. Für das 21. Jahrhundert sind deshalb nicht nur neue Institutionen nötig, sondern auch die Bildung informeller Gruppen und Netzwerke. In einer globalen Welt wird kein Staat und keine Institution allein einen organisierten Interessenausgleich leisten können. In bisher nie gekannter Weise werden die politischen Entscheidungsträger ständig nach neuen Bündnispartnern suchen müssen, wenn sie ihre Ziele realisieren wollen.

Der globalen Herausforderung werden wir nur gerecht, wenn wir bereit sind zu teilen. In der Bereitschaft zum Teilen unseres Wohlstands liegt ein wichtiger Schlüssel für den Frieden. Allein der Dialog mit den Interessen anderer Kulturen und Nationen öffnet unseren Blick für eine Weiterentwicklung unserer Wirtschaftsordnung. Ohne eine ökologische Balance und eine Kultur der Nachhaltigkeit wird es keine dauerhafte Lebensqualität geben, ohne diese Sicherung kann eine soziale Marktwirtschaft nicht bestehen.

Noch vor wenigen Jahren glaubten viele in Deutschland, dass es mit unserem Wachstum, mit Wohlstand und Beschäftigung immer so weitergehen würde. Die rasanten technischen Innovationen ließen manchen glauben, es gebe für alles eine Lösung. Aus Zuversicht wurde Leichtsinn, aus grenzenlosem Optimismus erwuchs Verantwortungslosigkeit. Trotz der wirtschaftlichen Erfolge trugen viele Entwicklungen schon damals den Keim der heutigen Situation in sich. Inzwischen sind viele Unternehmen auf bedrohliche Weise in einen globalen Abwärtsstrudel geraten. Millionen Menschen bangen deshalb um ihre Existenz.

Die großen Chancen der Globalisierung, die sich durch die weltweite Vernetzung technischer Systeme aufgetan haben, und der immer rasanter verlaufende Datenaustausch wirtschaftlicher, kultureller und politischer Inhalte haben uns ihre dunkle Kehrseite präsentiert. Wir müssen uns ernsthaft fragen, welche Folgen die Krise für unsere Demokratie, unsere Gesellschaftsordnung, die soziale Marktwirtschaft und den Arbeitsmarkt hat.

Vor der Krise in der Europäischen Union haben alle führenden Politiker der letzten Jahre die Augen verschlossen. In unverantwortlicher Weise wurde den Bürgern die klare Sicht auf den tatsächlichen Stand der Dinge verwehrt. Allen Wirtschaftsexperten war die Überschuldung Griechenlands schon lange bekannt, und es war ihnen bewusst, dass nicht nur Griechenland, sondern auch Spanien, Italien, Irland und Portugal zu den nächsten Krisenkandidaten gehören. Für mich sind die sozialen Unruhen in Griechenland und Frankreich Vorboten ernsthafter sozialer Konflikte, die unsere mit so viel Einsatz entwickelte Europäische Gemeinschaft auf Dauer in Bedrängnis bringen können.

Wenn ich die täglichen Nachrichten sehe, möchte ich, wie so viele andere Menschen auch, manchmal verzweifeln. Doch dann denke ich an das kleine Mädchen aus Wiedenbrück, das in eine so hoffnungslos erscheinende Welt hineingeboren wurde. Wie viel ist seitdem geschehen! Wie viel ist uns in unserem Land gelungen!

Wir Deutschen können stolz auf unser Land sein. Die gemeinsame Aufbauleistung nach dem Zweiten Weltkrieg hat uns Frieden und Wohlstand geschenkt, und die friedliche Wiedervereinigung der beiden deutschen Staaten ist eine besonders glückliche Wendung in unserer Geschichte. Doch dieses Glück ist auch Verpflichtung, für das Gemeinwesen Verantwortung zu übernehmen.

Auf der Grundlage seiner sozialen Marktwirtschaft hat Deutschland die Krise bisher besser bewältigen können als viele andere Länder. Über Jahrzehnte hinweg hat sich die soziale Marktwirtschaft in unserem Land als wirtschaftlich stabilisierende Kraft und Voraussetzung für den sozialen Zusammenhalt erwiesen. Es ist an uns, diese Erfahrung weiterzugeben und so im Dialog mit anderen Ländern und Kulturen für eine menschliche Globalisierung einzustehen. An Konflikten wird es dabei nicht mangeln, doch jede Krise ist auch eine Chance, bestehende Systeme und Institutionen weiterzuentwickeln. In meinem Leben habe ich oft erfahren dürfen, dass Veränderungen neue Fenster öffnen – Fenster, die es uns ermöglichen, über unser Verhalten kritisch nachzudenken. Plötzlich erkennen wir Möglichkeiten, die wir vorher nie wahrgenommen haben. Diese Chance sollten wir nutzen.

Es gibt eine Reihe von Initiativen, die uns Mut machen können. Ich persönlich hoffe sehr darauf, dass gerade junge Menschen die Chance ergreifen, aus dem Internet Informationen und Erfahrungen zu beziehen, die über ihren eigenen Lebensraum hinausweisen. Menschen aller Kulturen können sich in nie da gewesener Weise austauschen und voneinander lernen. Was für eine großartige Möglichkeit, um Toleranz, Urteilsfähigkeit, Solidarität und Menschlichkeit miteinander zu teilen!

Der »Blick über den Zaun« ermöglicht neue Perspektiven für Lösungen und Handlungskonzepte. Unsere Welt braucht den interdisziplinären, partnerschaftlichen Dialog, um auch in Zukunft Wachstum und damit Beschäftigung und Wohlstand zu ermöglichen. Wir müssen unser Bemühen um Nachhaltigkeit neu definieren und auf diesem Weg Vertrauen in gemeinsame Werte gewinnen, die für unsere Bemühungen unentbehrlich sind.

Immer wieder erfahre ich in meinen Begegnungen Hoffnung, Glaube und Zuversicht, vor allem aber tatkräftiges Handeln. Nein, aufgeben liegt mir wohl nicht. Ich glaube fest daran, dass jeder von uns seinen Teil zum Gelingen der Zukunft beitragen kann.

ANHANG

VITA LIZ MOHN

Nach dem Tod ihres Mannes Reinhard Mohn repräsentiert Liz Mohn die fünfte Generation der Eigentümerfamilien Bertelsmann/Mohn. Sie ist stellvertretende Vorsitzende des Vorstands und des Kuratoriums der Bertelsmann Stiftung. In der Bertelsmann AG ist Liz Mohn Mitglied des Aufsichtsrats. Sie ist Präsidentin der von ihr gegründeten Stiftung Deutsche Schlaganfall-Hilfe, Vorsitzende des Vorstands der Liz Mohn Kultur- und Musikstiftung und Vorsitzende des Kuratoriums des Verbands deutscher Musikschulen. 1999 wurde Liz Mohn als erstes weibliches Mitglied aus Deutschland in den Club of Rome berufen.

EHRUNGEN LIZ MOHN

Medienpreis »Bambi«
Im Rahmen der Bambiverleihung am 27.10.1996 in Leipzig wurde Liz Mohn in der Kategorie »Charity« für ihr Engagement in der Stiftung Deutsche Schlaganfall-Hilfe geehrt.

Bundesverdienstkreuz Erster Klasse
Im Jahr 2000 erhielt Liz Mohn das Bundesverdienstkreuz Erster Klasse.

Ehrenmitgliedschaft Circulo de Confianza
Am 25.10.2006 wurde Liz Mohn Ehrenmitglied des Circulo de Confianza in Spanien. Der Kreis hochrangiger Vertreter aus dem spanischen Wirtschafts- und Banksektor samt seinem Vorsitzenden Francisco Belil, der zugleich Präsident der Deutschen Handelskammer für Spanien ist, würdigte auf diese Weise das langjährige Engagement Liz Mohns für das Land und für die Verbesserung der deutsch-spanischen Beziehungen.

Verdienstorden des Landes Nordrhein-Westfalen
Am 12.12.2006 erhielt Liz Mohn den Verdienstorden des Landes Nordrhein-Westfalen. Ministerpräsident Jürgen Rüttgers hob in seiner Gratulation besonders ihren Einsatz für das Miteinander künftiger Generationen hervor.

Vernon A. Walters Award
Am 13.6.2008 erhielt Liz Mohn in New York den Vernon A. Walters Award. Ausgezeichnet wurde sie für ihre Verdienste um die transatlantischen Beziehungen und ihr Engagement zugunsten der deutsch-jüdischen Freundschaft. Kofi Annan lobte in seiner Laudatio ihr Engagement als »Brückenbauerin« zwischen Menschen unterschiedlicher Herkunft, Ethnien und Religionen.

The UNESCO »Children in Need« Award 2008
Auf der UNESCO-Gala am 1.11.2008 in Köln erhielt Liz Mohn den »Children in Need«-Award für ihr langjähriges und außergewöhnliches soziales Engagement als Präsidentin der Stiftung Deutsche Schlaganfall-Hilfe.

Karl-Winnacker-Preis
Am 21.8.2009 erhielt Liz Mohn in Marburg als erste Frau den Karl-Winnacker-Preis. Dieser wird alle zwei Jahre vom Marburger Universitätsbund für besondere Verdienste um die Förderung der Zusammenarbeit von Universität und Industrie auf naturwissenschaftlichen Gebieten vergeben.

Weltwirtschaftspreis 2010
Am 20.6.2010 erhielt Liz Mohn die angesehene Auszeichnung gemeinsam mit Pascal Lamy, dem Generaldirektor der Welthandelsorganisation, und dem Wirtschaftsnobelpreisträger Paul Krugman. Das Kieler Institut für Weltwirtschaft ehrt mit dem Preis jährlich je einen Politiker, Ökonomen und Unternehmer, die als Vordenker einer weltoffenen marktwirtschaftlichen Gesellschaft herausragen und dabei die soziale Gerechtigkeit besonders im Blick haben.

ANMERKUNGEN

1 Vgl. Damasio, Antonio R.: Ich fühle, also bin ich. Die Entschlüsselung des Bewusstseins, München 2002; Gigerenzer, Gerd: Bauchentscheidungen. Die Intelligenz des Unbewussten und die Macht der Intuition, München 2007; Goleman, Daniel: Emotionale Intelligenz. Aus dem Amerikanischen von Friedrich Griese, München 1995; Hüther, Gerald: Bedienungsanleitung für das menschliche Gehirn, Göttingen 2009; Pöppel, Ernst: Zum Entscheiden geboren. Hirnforschung für Manager, München 2008; Roth, Gerhard: Fühlen, Denken, Handeln. Wie das Gehirn unser Verhalten steuert, Frankfurt am Main 2003; Storch, Maja: Das Geheimnis kluger Entscheidungen. Von somatischen Markern, Bauchgefühl und Überzeugungskraft, München 2005.

2 Diese frühen Initiativen sind im Archiv der Bertelsmann Stiftung dokumentiert. Bestand ABSt, AS0051.

3 Vgl. Dokumentation ebd. Liz Mohn saß ab 1986 im Beirat der Bertelsmann Stiftung. Ab 1989 war sie Leiterin des Referats Medizin und ab 1992 Leiterin des Referats Kultur der Bertelsmann Stiftung. Im Jahr 2000 wurde sie in das Kuratorium berufen. Seit Januar 2005 ist Liz Mohn stellvertretende Vorstandsvorsitzende.

4 Vgl. dazu: Mohn, Reinhard: Erfolg durch Partnerschaft, München 1986; Mohn, Reinhard: Menschlichkeit gewinnt, Gütersloh 2000; Mohn, Reinhard: Die gesellschaftliche

Verantwortung des Unternehmers, München 2003; Mohn, Reinhard: Von der Welt lernen, München 2008.

5 Vgl. Dweck, Carol: The New Psychology of Success, New York 2006; Gardner, Howard: Five Minds for the Future, Cambridge 2007; Layard, Richard: Die glückliche Gesellschaft. Kurswechsel für Politik und Wirtschaft, Frankfurt/New York 2005; Taleb, Nassim Nicholas: Der Schwarze Schwan. Die Macht höchst unwahrscheinlicher Ereignisse, München 2008.

6 Archiv der Bertelsmann Stiftung. Bestand ABSt, AS0051.

7 Ebd., Bericht Bertelsmann Stiftung: IV. Quartal 1981–1. Quartal 1988.

8 Erster Tätigkeitsbericht der Bertelsmann Stiftung, Gütersloh 1982, S. 23.

9 Dritter Tätigkeitsbericht der Bertelsmann Stiftung 1985–1986, Gütersloh 1987, S. 29–30. Der Titel der Tagung lautete: »The Future for Publishing across Language Frontiers«. Reinhard Mohn erhielt bei dieser Reise die Auszeichnung »Freund der Stadt Jerusalem« durch Teddy Kollek.

10 Dritter Tätigkeitsbericht der Bertelsmann Stiftung, S. 102 f., Westfalen-Blatt, 25.9.1986. Allgemeine Jüdische Wochenzeitung, 14.12.1986.

11 Zur Projektlaufzeit vgl. Geschäftsbericht 1987–1989. Geschäftsbericht 1990, S. 57 f.

12 Vgl. Projekte der Bertelsmann Stiftung mit Bezug auf Israel, zusammengestellt von Kai Bosecker, 17.7.2008, S. 4. Vgl. auch Kollek, Teddy: Ein neuer Deutscher, wie er im Buche steht, in: Thomas Middelhoff, Gerd Schulte-Hillen, Gunter Thielen (Hg.): Reinhard Mohn. Unternehmer – Stifter – Bürger, Gütersloh 2001, S. 93–96.

13 Tätigkeitsbericht 1992, S. 55 f.; Tätigkeitsbericht der Bertelsmann Stiftung 1995/96, S. 68 f.

14 Vgl. Tätigkeitsbericht der Bertelsmann Stiftung 1993, S. 56 f.

15 Vgl. Projekte der Bertelsmann Stiftung mit Bezug auf Israel, a.a.O., S. 3 f.

16 Vgl. dazu einen Beitrag von Stephan Vopel, in: Einblick. Das Mitarbeitermagazin der Bertelsmann Stiftung 6/2000, S. 7.

17 Einführung und Chronologie des Projekts »Kulturraum Europa – Zwischen Einheit und Vielfalt. Strategien und Optionen für die Zukunft Europas«, Zusammenstellung Kai Franke, aus: Chronik der Bertelsmann Stiftung – von 1977 bis heute, Gütersloh 2011.

18 Ebd.

19 Ebd.

20 Am 21.3.1995 wurde in Giza bei Kairo eine öffentliche Bibliothek, die erste Publikumsbibliothek des Landes, eröffnet: die Giza Public Library. Bei der Konzeption der Bibliothek konnte die Bertelsmann Stiftung auf die Erfahrungen sowohl mit der Stadtbibliothek Gütersloh als auch mit der Modellbibliothek Can Torró in Spanien zurückgreifen. Diese Erkenntnisse wurden auf den arabischen Kulturraum übertragen. Im Sinne der Nachhaltigkeit wurde mit der Multiplikation des Modells durch die Eröffnung einer Filiale der Bibliothek im Kairoer Stadtteil Zaytoun begonnen. Das Bibliotheksprogramm gliedert sich in die Bildungsinitiative der ägyptischen Regierung ein. 1998 erhielt Ägypten den jährlich vergebenen UNESCO-Preis zur Bekämpfung des Analphabetentums.

21 Im Jahr 1977 entwickelten Dr. Gerd Wixforth, der damalige Stadtdirektor der Stadt Gütersloh, und Reinhard Mohn, der Vorstandsvorsitzende der Bertelsmann AG, erste Ideen zum Bau einer neuen, modellhaften Bibliothek für Gütersloh. Im März 1979 tauschten sich Experten in einer öffentlichen Anhörung darüber aus, wie eine moderne Bibliothek be-

schaffen sein müsse. In Skandinavien besuchten Vertreter der Bertelsmann Stiftung und Vertreter der Stadt Gütersloh beispielhafte Bibliotheken. Die hier gewonnenen Erkenntnisse und Erfahrungen flossen in das Projekt einer modellhaften Stadtbibliothek ein. Am 4. Mai 1984 wurde die Stadtbibliothek Gütersloh GmbH feierlich eröffnet. Mit Unterstützung der Bertelsmann Stiftung hat die Bibliothek seit diesem Zeitpunkt die internationale bibliothekarische Entwicklung aktiv mitgestaltet und innovative Entwicklungen mitgetragen.

22 Vgl. Huntington, Samuel: The Clash of Civilizations, New York 1996.

23 Mit dem deutsch-ägyptischen Kulturforum, das am 21. Februar 2001 in Kairo stattfand, eröffnete die Bertelsmann Stiftung eine neue Gesprächsreihe auf internationaler Ebene. Das Forum bot die Gelegenheit, Erfahrungen beider Seiten mit der Globalisierung und den sich daraus ergebenden Konsequenzen auszutauschen. Vgl. Mohn, Liz (Hg.): A Cultural Forum. Promoting Cultural Identity in the Age of Globalization. A German-Egyptian Experience, Gütersloh 2002.

24 Ziel des bis Dezember 2009 fortgeführten Projekts war es, die interkulturelle Verständigung auf allen Ebenen voranzutreiben, um nachhaltigen unternehmerischen Erfolg weltweit zu befördern. Das Projekt war gegliedert in die Aufgabenbereiche Corporate Governance, Intercompany Cooperation, Chinese Companies in Germany und Diversity Management.

25 Vgl. dazu Mohn, Liz (Hg.): A Cultural Forum. The Impact of Globalization on Cultural Identity in Business, Gütersloh 2002.

26 Vgl. dazu Mohn, Liz (Hg.): Corporate Cultures in Global Interaction. Global Business Culture – an International

Workshop, held in November 2002 in Gütersloh, Gütersloh 2003.

27 Vgl. zu den Ergebnissen dieses Austausches: Bertelsmann Stiftung (Hg.): Asien verändert die Welt, Gütersloh 2007.

28 Vgl. Mohn, Liz (Hg.): Cultures in Globalization. A Europe-India Dialogue on Global Challenges and Cultural Visions, Gütersloh 2006. Das Internationale Kulturforum New-Delhi führte im November 2005 indische und europäische Entscheidungsträger zusammen, um die Auswirkungen der Globalisierung auf die Kulturen zu beleuchten und Wege der Verständigung zu reflektieren. Gastgeber dieser Kooperation waren Liz Mohn und Venkatraman Krishnamurthy, der Beauftragte der Rajiv Gandhi Foundation.

29 Im Rahmen seiner ersten Auslandsreise nach Auflösung der Sowjetunion besuchte deren früherer Staatschef Michail Gorbatschow die Bertelsmann Stiftung. Als Präsident der von ihm gegründeten politischen Stiftung, die seinen Namen trägt, diskutierte er in Gütersloh mit den Vorständen deutscher Stiftungen über Möglichkeiten der Kooperation und Unterstützung. Vgl. Archiv der Bertelsmann Stiftung , Chronik 1992.

30 Vgl. Meinke, Hans: Per aspera ad astra – 40 Jahre Unternehmer und Stifter in Spanien, in: Reinhard Mohn. Unternehmer – Stifter – Bürger, a.a.O., S. 233–242.

31 Reinhard Mohn gründete 1995 die Fundación Bertelsmann mit Sitz in Barcelona, um die spanische Lese- und Medienkultur zu fördern, öffentliche Bibliotheken im Land zu unterstützen sowie deren Führungskräfte weiterzubilden. Dabei kann die Fundación Bertelsmann auf in Deutschland bewährte Modelle zur Reform öffentlicher Bibliotheken zurückgreifen, wie z.B. das der Stadtbibliothek Gütersloh. Das Engagement der Bertelsmann Stiftung in Spanien

begann indessen bereits 1989 mit der Gründung der Modellbibliothek Can Torró in Alcúdia auf Mallorca. Um den Aufbau der Bibliothek zu gewährleisten, haben die Stadt Alcúdia und die Bertelsmann Stiftung am 29.12.1988 die Fundacíon Biblioteca de Alcúdia errichtet. Das Hauptaugenmerk lag auf der Leseförderung von Kindern und Jugendlichen mit enger Zusammenarbeit von Bibliothek und Schulen.
Dieses Projekt wurde erfolgreich abgeschlossen, die Leitung der Bibliothek wurde in die Hände der Stadt Alcúdia übergeben. Mit den Projekten ihres Bibliotheksprogramms will die Fundación Bertelsmann neue Verwaltungs- und Leitungsmethoden in öffentlichen Bibliotheken etablieren, die Lesegewohnheiten und den Informationszugang der Bürger fördern sowie die kontinuierliche Weiterbildung von Bibliothekaren sichern.

32 Die Fundación Bertelsmann wurde 1995 in Barcelona von Reinhard Mohn gegründet. Die spanische Stiftung teilt mit ihrer deutschen Mutterstiftung, der Bertelsmann Stiftung in Gütersloh, Kernwerte wie Freiheit, Solidarität, Kompetenz und Menschlichkeit, die ihr Handeln bei der Suche nach zukunftsweisenden und nachhaltigen sozialen Lösungen maßgeblich leiten. Die Fundación Bertelsmann hat folgende Ziele: 1. die Förderung des sozialen Wandels in Spanien; 2. die Vorbereitung der Gesellschaft auf die Zukunft; 3. die Förderung gesellschaftlicher Verantwortung. In den ersten zehn Jahren ihres Bestehens widmete sich die Fundación Bertelsmann hauptsächlich dem Bibliothekswesen. Dabei wurden Projekte zur Leseförderung und zur Bibliotheksverbesserung durchgeführt. Nach Abschluss dieser Phase im Jahr 2005 beschloss das Patronat unter dem Vorsitz von Liz Mohn, die Strategie neu auszurichten. Seitdem führt die

Fundación Bertelsmann Projekte zur Stärkung der Zivilgesellschaft unter dem Leitbild »Gesellschaftliche Verantwortung« durch.

33 Vgl. Mohn, Reinhard: Von der Welt lernen, a.a.O., S. 30 ff.

34 Die 2008 gegründete Bertelsmann Foundation North America hat ihren Sitz in Washington und repräsentiert die Bertelsmann Stiftung in den Vereinigten Staaten von Amerika. Sie gibt Impulse für gesellschaftlichen Wandel, engagiert sich für die Freiheit des Einzelnen und von Gesellschaften und steht für internationale Verständigung. Die Bertelsmann Foundation dient als Brücke zwischen Europa und Amerika, indem sie Best-Practice-Beispiele aus der Außen-, Wirtschafts- und Sozialpolitik auf beiden Seiten des Atlantiks kommuniziert und aufzeigt. Dahinter steht der Gedanke, dass beide Seiten früher oder später vor den gleichen Herausforderungen stehen und dass Europäer und Amerikaner gegenseitig von ihren Lösungsansätzen lernen können.

35 Vgl. Kissinger, Henry: Transatlantische Partnerschaft oder europäischer Sonderweg?, in: Reinhard Mohn. Unternehmer – Stifter – Bürger, a.a.O., S. 45 – 51.

36 Mohn, Liz: Rede zur Verleihung des Walters-Award, gehalten am 13. Juni 2008 in New York.

37 Vgl. Tätigkeitsberichte der Bertelsmann Stiftung 1984–1992.

38 Vgl. Tätigkeitsberichte der Bertelsmann Stiftung 1989–2001. Laut Satzung der Uveitisvereinigung war der »Zweck des Vereins (…) die Förderung der Erforschung intraokularer Entzündungen (Uveitis) und damit zusammenhängender Erkrankungen sowie die Information und Weiterbildung von Patienten und Ärzten im In- und Ausland«. Gefördert werden sollten auch die Uveitis-Selbsthilfegruppen. Nach der Weiterführung der Forschungsprojekte an verschiede-

nen Universitäten wurde die Deutsche Uveitisvereinigung e.V. am 31.12.2001 aufgelöst.

39 Vgl. Tätigkeitsberichte der Bertelsmann Stiftung zu den Neurologieprojekten I, II, III in den Jahren 1984–1992.

40 Vgl. ebd., ABST, AS0051/69.

41 Wirtschaftsprüfungsbericht 1994, Deutsche Schlaganfall-Stiftung, S. 2.

42 Zur aktuellen Arbeit der Stiftung Deutsche Schlaganfall-Hilfe vgl. Tätigkeitsbericht Deutsche Schlaganfall-Hilfe 2008 und siehe unter: www.schlaganfall-hilfe.de

43 Es gab laut Tätigkeitsbericht der Bertelmann Stiftung eine Präventionsuntersuchung mit den Mitarbeitern von u.a. Hoechst, BMW, Deutscher Bank und Bertelsmann. Der Zeitpunkt lag zwischen 1996 und 1997.

44 Vgl. Tätigkeitsberichte der Bertelsmann Stiftung 1992–1994; vgl. Wirtschaftsprüfungsbericht 1994 der Akademie zur Förderung der Manuellen Medizin GmbH.

45 Zum Projektverlauf: Tätigkeitsberichte Bertelsmann Stiftung 1990 – 1999; vgl. Bertelsmann Stiftung (Hg.): Mineralstoffe, Spurenelemente und Vitamine in der Gesundheitsvorsorge. Was Sie darüber wissen sollten, Gütersloh 1998.

46 Vgl. www.bertelsmann-Stiftung.de/Gesundheit.

47 Die Mitgliedsunternehmen des Europäischen Netzwerks »Enterprise for Health« arbeiten gemeinsam an der Weiterentwicklung einer partnerschaftlichen Unternehmenskultur und einer darauf basierenden vorbildlichen betrieblichen Gesundheitspolitik. Projektlaufzeit: 1. Januar 2001–31. Dezember 2006. Vgl. dazu auch Successful, Healthy Enterprises in Europe. Broschüre der Bertelsmann Stiftung, 2007.

48 Eine entsprechende Umfrage wurde Ende Oktober 2009 von TNS Emnid im Auftrag der Bertelsmann Stiftung unter

1003 Bundesbürgern durchgeführt. Sie ist Teil eines Stiftungsprojekts, das die Folgen der Wirtschaftskrise und die Perspektiven Deutschlands bis zum Jahr 2020 untersucht.

49 Vgl. dazu: Erfolg durch Partnerschaft. Analyseergebnisse zum Zusammenhang zwischen Unternehmenskultur und wirtschaftlichem Erfolg, Gütersloh 2008.

50 Vgl. Vorgeschichte und Internationalisierung des Gesangswettbewerbs »Neue Stimmen« 1987–1997, in: Archiv der Bertelsmann Stiftung. Vgl. auch »Europäischer Sängerwettstreit erlebte ein glänzendes Debüt«, in: Neue Westfälische Zeitung, 26.10.1987. Bis 1989 wurde der Wettbewerb jährlich durchgeführt. Seit 1991 finden die »Neuen Stimmen« alle zwei Jahre statt.

51 Vgl. Daten und Fakten zum Internationalen Gesangswettbewerb »Neue Stimmen« 1987–1999, zusammengestellt von Kai Bosecker, Stand 10.9.2008, Archiv der Bertelsmann Stiftung. Vgl. auch Change. Das Magazin der Bertelsmann Stiftung 4/2009. Vgl. www.bertelsmann-Stiftung.de/kultur.

52 Vgl. www.neue-stimmen.de.

53 Die von der Bertelsmann Stiftung in Auftrag gegebene repräsentative Umfrage zum Thema »Klassik und Oper« wurde vom Institut TNS Emnid im August 2009 unter 1001 befragten Deutschen aller Altersklassen durchgeführt.

54 Die Verständigung und Entwicklung durch Musik ist bis heute ein Stiftungsanliegen: In Kitas, Grundschulen und Musikschulen treten wir mit unseren Projekten zur musikalischen Bildung für die Förderung von Kindern durch Musik ein. Ziel ist es, die Kreativität anzuregen, die schöpferischen Kräfte der Kinder zu entfalten, den Spaß an der Musik zu fördern, das körperliche und seelische Wohlbefinden zu unterstützen, die kindliche Lernfreude zu stärken und das soziale Miteinander an der Schule zu verbessern. Mit unseren Projekten zur mu-

sikalischen Bildung versuchen wir darüber hinaus, Musik für alle Kinder zugänglich zu machen.

55 www.kultur-und-musikstiftung.de.

56 Barenboim, Daniel: Die Musik, mein Leben. Autobiografie, München 2004.

57 Vgl. Mohn, Reinhard: Von der Welt lernen, a.a.O., S. 133 ff.

58 Vgl. Bertelsmann Stiftung (Hg.): Woran glaubt die Welt? Analysen und Kommentare zum Religionsmonitor 2008, Gütersloh 2009.

59 Ebd.

60 Vgl. 175 Jahre Bertelsmann. Eine Zukunftsgeschichte, München 2010. Vgl. dazu das Vorwort von Hartmut Ostrowski, ebd., S.4 ff.

Unter den Top Ten der Medienunternehmen ist Bertelsmann das älteste Unternehmen. Es folgen: Vivendi (gegründet 1853) und Cox Enterprises (gegründet 1898).

61 Vgl. Mohn, Reinhard: Von der Welt lernen, a.a.O., S. 17.

62 Vgl. ebd., S. 30 ff.

63 Vgl. Bertelsmann Unternehmensarchiv. Akz-Nr. 10/ 08.

64 Vgl. Mohn, Reinhard: Die gesellschaftliche Verantwortung des Unternehmers, a.a.O.; Mohn, Reinhard: Von der Welt lernen, a.a.O.

65 Vgl. zu den Bertelsmann Essentials: www.bertelsmann.com/bertelsmann.../Bertelsmann_Essentials_DE_0.pdf.

66 Vgl. Mohn, Reinhard: Von der Welt lernen, a.a.O., S. 99 f.

67 Vgl. Die Benediktusregeln, Kap. 3, 12.: »Tu alles mit Rat, dann brauchst du nach der Tat nichts zu bereuen.«

68 Vgl. Damasio, Antonio R.: Ich fühle, also bin ich. Die Entschlüsselung des Bewusstseins, a.a.O.; Gigerenzer, Gerd: Bauchentscheidungen. Die Intelligenz des Unbewussten und die Macht der Intuition, a.a.O.; Goleman, Daniel: Emotionale Intelligenz, a.a.O.; Pöppel, Ernst: Zum Entscheiden

geboren. Hirnforschung für Manager, a.a.O.; Roth, Gerhard: Fühlen, Denken, Handeln. Wie das Gehirn unser Verhalten steuert, a.a.O.; Storch, Maja: Das Geheimnis kluger Entscheidungen. Von somatischen Markern, Bauchgefühl und Überzeugungskraft, a.a.O.

69 Vgl. Storch, Maja, ebd.

70 Vgl. auch Gigerenzer, Gerd, a.a.O.

71 Vgl. Bertelsmann Essentials, a.a.O.

72 Vgl. www.bertelsmann.com

73 Vgl. Mohn, Reinhard: Von der Welt lernen, a.a.O.

74 Rede Liz Mohn: Zur Unternehmenskultur, in: Unternehmensarchiv der Bertelsmann AG, a.a.O.

75 Vgl. dazu: Erfolg durch Partnerschaft. Analyseergebnisse zum Zusammenhang zwischen Unternehmenskultur und wirtschaftlichem Erfolg, Gütersloh 2008.

76 Am »Schwarzen Montag«, dem 27. Oktober 1987, brach der Dow Jones um mehr als 20 Prozent ein. Dieser Börsencrash führte zu einer Weltwirtschaftskrise, die auch Deutschland, wenn auch verspätet, 1991/92 erreichte.

77 Vgl. Umfrage von TNS Emnid/Ende Oktober 2009 im Auftrag der Bertelsmann Stiftung unter 1003 Bundesbürgern.

78 Deutschland verschenkt durch seine große Zahl an unzureichend gebildeten Schülern ein enormes Wachstumspotenzial. Die Folgekosten unzureichender Bildung durch entgangenes Wirtschaftswachstum werden sich innerhalb der kommenden achtzig Jahre – der Lebensspanne heute geborener Kinder – auf rund 2,8 Billionen Euro summieren. Das ist das Ergebnis einer Studie des ifo Instituts für Wirtschaftsforschung im Auftrag der Bertelsmann Stiftung. Die für diesen Bereich neuartige Untersuchung des Bildungsökonomen Ludger Wößmann berechnet dabei die abgezinsten Erträge einer Bildungsreform, welche die Zahl

der sogenannten »Risikoschüler« deutlich reduziert. Auf diese Weise können erstmals langfristige volkswirtschaftliche Effekte von Bildung beziffert werden.

79 Vgl. Bertelsmann Stiftung (Hg.): Chancen ermöglichen – Bildung stärken. Zur Lebenssituation sozial benachteiligter Kinder in Deutschland, Gütersloh 2009; vgl. Cornelia Stern, Christian Ebel, Veronika Schönstein, Oliver Vorndran (Hg.): Bildungsregionen gemeinsam gestalten. Erfahrungen, Erfolge, Chancen, Gütersloh 2008; Dräger, Jörg: Bildung – unsere einzige Ressource, in: Change. Sonderheft 2009, Gütersloh 2009, S. 48. Vgl. ebd., Nachhaltigkeit durch Bildung. Interview mit Prof. Manfred Prenzel, S. 40–45.

80 Vgl. ebd.: Chancen ermöglichen – Bildung stärken.

81 Vgl. die Ergebnisse einer Arbeitsmarktstudie der Bertelsmann Stiftung, Gütersloh, 27. April 2010. Die Zeitarbeit in Deutschland hat sich im letzten Jahrzehnt dynamisch entwickelt und zwischen 2000 und 2007 rund verdoppelt. Dennoch spielt diese Beschäftigungsform entgegen der öffentlichen Wahrnehmung immer noch eine untergeordnete Rolle. Das zeigt eine aktuelle Arbeitsmarktstudie zum internationalen Vergleich atypischer Beschäftigungsformen, erstellt von der Bertelsmann Stiftung in Zusammenarbeit mit dem Forschungsinstitut zur Zukunft der Arbeit.
»Mit dem erleichterten Einsatz von Zeitarbeit durch die Reformen am Arbeitsmarkt sind neue Beschäftigungsmöglichkeiten entstanden, die allerdings selten eine Brücke in reguläre Arbeitsverhältnisse darstellen«, sagte Dr. Gunter Thielen, Vorstandsvorsitzender der Bertelsmann Stiftung, bei der Vorstellung der Studie. Es habe sich mittlerweile vielmehr ein eigenständiges, dauerhaftes Beschäftigungssegment entwickelt, das für viele Arbeitnehmer die Hoffnung auf einen

raschen Übergang in reguläre Erwerbstätigkeit bislang nicht erfüllen konnte. Eine auf Dauer angelegte Ungleichbehandlung von Zeitarbeitern und Stammbelegschaften entspreche nicht dem Grundverständnis der sozialen Marktwirtschaft. In der Studie »Atypische Beschäftigung und Niedriglohnarbeit« werden auch weitere Formen atypischer Arbeitsverhältnisse im internationalen Vergleich dargestellt. Dazu zählen geringfügige Beschäftigung, neue Formen der Selbstständigkeit und gering entlohnte Tätigkeiten.

82 Vgl. dazu: Liz Mohn, Brigitte Mohn, Werner Weidenfeld, Johannes Meier (Hg.): Werte. Was die Gesellschaft zusammenhält, Gütersloh 2007.

83 Vgl. dazu auch: Winterhoff, Michael: Warum unsere Kinder Tyrannen werden. Oder: die Abschaffung der Kindheit, Gütersloh 2008; Winterhoff, Michael: Tyrannen müssen nicht sein. Warum Erziehung allein nicht reicht – Auswege, Gütersloh 2009.

84 Die repräsentative Umfrage wurde Ende Oktober 2009 von TNS Emnid im Auftrag der Bertelsmann Stiftung erstellt. A.a.O.

85 Vgl. Riess, Birgit (Hg.): Verantwortung für die Gesellschaft – verantwortlich für das Geschäft. Ein Management-Handbuch, Gütersloh 2006.

86 Die Zahlen für 2009 nennen Katar und die Vereinigten Arabischen Emirate unter den Top-Ten-Ländern. Beide sind keine Demokratien. Vgl. auch Welzel, Christian: Ist Demokratie ein universell übertragbares Konzept? Erkenntnisse der empirischen Sozialforschung, Bremen 2007. Vgl. Bertelsmann Stiftung (Hg.): Bertelsmann Transformation Index 2008. Politische Gestaltung im internationalen Vergleich, Gütersloh 2008.

87 Vgl. Hemel, Ulrich: Wert und Werte. Ethik für Manager – Ein Leitfaden für die Praxis, München 2007, S. 320.

88 Vgl. www.bertelsmann-stiftung.de. Themenschwerpunkt: Wirtschaft; vgl.: CSR gestalten; vgl. auch: Bergius, Susanne: Ethik an den Unis. Suche nach anständigem Verhalten, in: Frankfurter Rundschau, 20. Januar 2010.

89 Vgl. Mohn, Liz, und von der Leyen, Ursula (Hg.): Familie gewinnt. Die Allianz und ihre Wirkungen für Unternehmen und Gesellschaft, Gütersloh 2007. Vgl. Work-Life-Balance. Meilensteine für eine zukunftsfähige Gesellschaft. Dokumentation zur Vereinbarkeit von Familie und Beruf im europäischen Vergleich, Gütersloh 2007.

90 Vgl. Bertelsmann Stiftung (Hg.): Demographiemonitor. Bd. 1: Indikatoren-Katalog des demographischen Wandels. Bd. 2: Handlungsoptionen im demographischen Wandel, Gütersloh 2006.

91 Vgl. Jugendstudie 2006. Die 15. Shell-Jugendstudie widmet sich dem Themenschwerpunkt »Jung und Alt«: Wie sieht sich die junge Generation mit all ihren Erwartungen an die eigene Zukunft in einer älter werdenden Gesellschaft?

92 Vgl. von der Leyen, Ursula: Der neue Weg – Familienpolitik, in: Familie gewinnt, a.a.O., S. 9.

93 Vgl. Eichhorst, Werner, Kaiser, Lutz C., Thode, Eric, Tobsch, Verena: Vereinbarkeit von Familie und Beruf im internationalen Vergleich. Zwischen Paradigma und Praxis, Gütersloh 2008.

94 Vgl. Flüter-Hoffmann, Christiane: Familienfreundliche Regelungen in Tarifverträgen und Betriebsvereinbarungen. Beispiele guter Praxis, hg. vom Bundesministerium für Familie, Senioren, Frauen und Jugend, Köln und Berlin 2005. Vgl. auch Mohn, Liz und von der Leyen, Ursula (Hg.): Familie gewinnt. Die Allianz und ihre Auswirkungen für Unternehmen und Gesellschaft, Gütersloh 2007.

95 Vgl. www.bertelsmann-stiftung.de. Themenschwerpunkt:

Familienfreundliche Gesellschaft. Vgl. auch Change 3/2009, Das Magazin der Bertelsmann Stiftung.

96 Vgl. Projekt der Bertelsmann Stiftung zur Balance von Familie und Arbeitswelt. Die Stiftung unterstützt die Region Nürnberg bei ihrer Entwicklung zur familienfreundlichsten Wirtschaftsregion. Projektpartner sind das Bundesministerium für Familie, Senioren, Frauen und Jugend, die Wirtschaftsverbände, Kammern, der Arbeitskreis Vereinbarkeit von Familie und Beruf der Initiative für Beschäftigung sowie Familienbündnisse. Projektlaufzeit: 1. Juli 2003–30. Juni 2011

97 Vgl. www.bertelsmann-stiftung.de. Schwerpunkt: Business Summer School: Business Women School Berlin 2009. Vgl. auch Walther, Kathrin, Lukoschat, Helga: Kinder und Karrieren. Die neuen Paare. Eine Studie der Europäischen Akademie für Frauen in Politik und Wirtschaft Berlin e.V. im Auftrag der Bertelsmann Stiftung, Gütersloh 2008. Vgl. Schraudner, Martina, Lukoschat, Helga: Gender als Innovationspotenzial in Forschung und Entwicklung, München 2006; Work-Life-Balance für Führungskräfte. Eine Studie der EAF, erschienen in PERSONAL 07/2008.

98 Vgl. Kimura, Doreen: In Gehirn und Bewusstsein, Einführung von Wolf Singer, Heidelberg/Berlin/Oxford 1994, S. 78.

99 Die ehemalige Berliner Justizsenatorin Lore Maria Peschel-Gutzeit ist eine renommierte Expertin zu Fragen des Frauenrechts. Die Juristin arbeitete in ihrer Laufbahn als Politikerin an der rechtlichen Gleichstellung von Frauen mit. Zu ihren aktuellen Publikationen: Vgl. Peschel-Gutzeit, Lore Maria: Die Auswirkungen der Unterhaltsreform auf die Beratungspraxis, Baden-Baden 2008.

100 Bertelsmann Stiftung: Business Women School Berlin 2009.

101 Yue-Sai Kan wurde 1. Oktober 1949 in China geboren. Sie ist eine sowohl in China wie in den USA bekannte Persönlichkeit. Besonderen Respekt verschaffte sie sich durch ihr humanitäres Engagement. Das Magazin People bezeichnete sie als »the most famous woman in China«.

102 Ein besonders markantes Beispiel zu dieser Problematik ist das im Herbst 2010 erschienene Buch von Thilo Sarrazin und die daraus entstandene Debatte. Vgl. Sarrazin, Thilo: Deutschland schafft sich ab. Wie wir unser Land aufs Spiel setzen, München 2010.

103 Vgl. www.bertelsmann-stiftung.de. Themenschwerpunkt: Die Zukunft der Integration. Vgl. auch: Es ist Zeit für ein neues Miteinander. Neun Pfeiler der Integration. Ein »Manifest für Brückenbauer in Deutschland«, Gütersloh 2009.

104 Bertelsmann Stiftung (Hg.): Demokratie und Integration in Deutschland. Politische Führung und Partizipation aus Sicht von Menschen mit und ohne Migrationshintergrund, Gütersloh 2009.

105 Vgl. www.bertelsmann-stiftung.de. Themenschwerpunkt: Carl Bertelsmann Preis.

106 Vgl. Change. Integration durch Bildung. Das Magazin der Bertelsmann Stiftung, 2/2008.
Der Carl Bertelsmann Preis 1996 wurde bereits nach Kanada vergeben: Durham Board of Education.

107 Vgl. Bertelsmann Stiftung (Hg.): Die kulturellen Dimensionen des globalen Konfliktgeschehens. Kulturelle Konflikte im Zeitraum 1945–2007, Gütersloh 2009.

108 Vgl. Huntington, Samuel, a.a.O.

109 Vgl. www.bertelsmann-Stiftung.de. Projekt: Salzburger Trilog.

110 Vgl. Bertelsmann Stiftung: Voices for the Future. Global Crisis and the Human Potential. Trilogue Salzburg: 14.–16.

August 2009 in Salzburg, Austria. A Background Paper by Surendra Munshi.

111 Vgl. The Millennium Project. World Federation of UN associations, herausgegeben von Jerome C. Glenn, Theodore J. Gordon and Elizabeth Florescu. Darin: State of the Future, Washington 2009.

112 Vgl. Munshi, Surendra: Background Paper, a.a.O.

113 Vgl. Bertelsmann Stiftung (Hg.): Managing the Crisis. A Comparative Analysis of Economic Governance in 14 Countries, Gütersloh 2010.

PERSONEN- UND SACHREGISTER

Kursiv gesetzte Zahlen verweisen auf die Bildnummer im Bildteil

ZUR ENTSTEHUNG DIESES BUCHES

Erste Gespräche zu einem Filmporträt ihres Mannes Reinhard Mohn haben Liz Mohn und Andrea Stoll zusammengeführt. Im Jahr 2008 eröffneten beide eine Interviewreihe, die zur Grundlage des vorliegenden Buches wurde.

Die Autorin Andrea Stoll hat mehrere Bücher veröffentlicht und zahlreiche Filmstoffe entwickelt. Darüber hinaus war sie von 1992 bis 1997 als Dozentin für Literatur und Drehbuchentwicklung an der Universität Salzburg tätig.

QUELLENANGABEN

Bild 1: Fotograf: Veit Mette, Bielefeld
Bild 2: Teddy Kollek: Archiv Bertelsmann AG
Bild 3: Bertelsmann Stiftung
Bild 4: Fotograf: Bernhard J. Holzner, Wien
Bild 5: Archiv Bertelsmann Stiftung
Bild 6: Fotograf: Veit Mette, Bielefeld
Bild 7: Fotograf: Marc Darchinger, Berlin
Bild 8: Fotograf: Ben Gabbe, Patrick McMullan.com
Bild 9: Fotograf: Thomas Kunsch, Bielefeld/Neubrandenburg
Bild 10: Fotograf: Thomas Kunsch, Bielefeld/Neubrandenburg
Bild 11: Fotograf: Thomas Kunsch, Bielefeld/Neubrandenburg
Bild 12: Frank Nürnberger, Berlin
Bild 13: Fotograf: Thomas Kunsch, Bielefeld/Neubrandenburg
Bild 14: Archiv Bertelsmann AG
Bild 15: Bertelsmann AG, Privatarchiv
Bild 16: Archiv Bertelsmann Stiftung
Bild 17: Fotograf: Arne Weychardt, Hamburg
Bild 18: Stiftung Deutsche Schlaganfall-Hilfe/Agentur Bildschön, Berlin
Bild 19: Stiftung Deutsche Schlaganfall-Hilfe/Agentur Bildschön, Berlin
Bild 20: Fotograf: Thomas Kunsch, Bielefeld/Neubrandenburg
Bild 21: Fotograf: Thomas Kunsch, Bielefeld/Neubrandenburg
Bild 22: Fotograf: Veit Mette, Bielefeld